315模式

让产品好卖的营销策略

王宏国 著

企业管理出版社
ENTERPRISE MANAGEMENT PUBLISHING HOUSE

图书在版编目（CIP）数据

315模式：让产品好卖的营销策略 / 王宏国著. —
北京：企业管理出版社，2020.4
ISBN 978-7-5164-2125-3

Ⅰ. ①3… Ⅱ. ①王… Ⅲ. ①营销策略 Ⅳ. ①F713.50

中国版本图书馆 CIP 数据核字 (2020) 第 045544 号

书　　名：315 模式：让产品好卖的营销策略
作　　者：王宏国
责任编辑：蒋舒娟
书　　号：ISBN 978-7-5164-2125-3
出版发行：企业管理出版社
地　　址：北京市海淀区紫竹院南路 17 号　　　邮编：100048
网　　址：http://www.emph.cn
电　　话：总编室 (010) 68701719　发行部 (010) 68701816　编辑部 (010) 68701661
电子信箱：26814134@qq.com
印　　刷：三河市荣展印务有限公司
经　　销：新华书店
规　　格：880 毫米 × 1230 毫米　32 开本　7.25 印张　115.9 千字
版　　次：2020 年 4 月第 1 版　2020 年 4 月第 1 次印刷
定　　价：48.00 元

前 言

将营销策略升级到最新模式

企业不仅要有整体的业务战略，每个产品还要有系统的营销策略，以便让业务战略落地转化为销售业绩。然而，营销策略却是很多企业在营销方面的最大短板。

营销策略能够让产品卖出去。只有让产品好卖，才能把产品卖好。但是却很少有企业能够制订系统的、书面的营销策略。这就必然导致企业营销动作的混乱、短视、被动，销售业绩增长困难，行业竞争一派混战。这是很可怕的事情。

营销理论的建立与发展

人类 社会早期出现物物交换，可以说就是一种销售。

1904年，日本三越百货就运用了“营销”。三越百货制订了明确的经营原则，其中包括：公司充当顾客的采购员；为顾客设计和生产适合需要的产品；保证顾客满意，否则原价退货。

19世纪中叶，美国国际收割机公司率先把营销作为企业的中心职能，企业的其他职能是营销的辅助职能。

营销上升到理论高度成为一门学科，是从20世纪初开始的。

婴儿期（1900～1920年）。美国的一些大学开始研究定价、分销和广告，并开设工业分销课程，初始的学科体系逐步形成。

学步期（1920～1950年）。美国学术界形成了较为系统的营销理论，但侧重于对营销实践的描述，而较少考虑解决营销管理方面的问题。

青春期（1950～1980年）。将行为科学、数学等学科融合到营销理论中来，强调营销必须适应客户需求的变化，强调企业必须关注社会责任、社会义务和商业道德，并提出了很多理论。例如，20世纪50年代初，美国的罗瑟·里夫斯提出了USP理论；1960年美国的杰瑞·麦卡锡提出了4P理论（Product产品、Price价格、Place渠道、Promotion促销）；20世纪60年代中期，美国的大卫·奥格威提出了品牌形象理论；1967年美国的菲利普·科特勒提出了营销战略和方案，莱斯特·伟门提出了直复营销理论；1969年美国的艾·里斯和杰克·特劳特提出了定位理论。

盛年期（1980年至今）。市场营销理论迅速在全球扩散，市场营销学的分支学科（如国际营销学、服务营销学、社会营销学、非营利机构营销学）越来越完善，概念和方法越来越复杂。比如，1984年菲利普·科特勒提出大市场营销理论，1990年美国的罗伯特·劳特朋提出了4C理论（Consumer消费者、Cost成本、Convenience便利、Communication沟通）；1993年美国的唐·E.·舒尔茨等人提出了4R理论（Reaction市场反应、Relativity顾客关联、Relationship关系营销、Retribution利益回报）；2004年美国的艾·里斯和劳拉·里斯提出了品类理论。

中国企业的销售观念

1978年12月，中国共产党十一届三中全会确立了对内改革、对外开放的国策，中国进入了社会主义现代化建设新时期。在经济体制改革方面，把高度集中的计划经济体制改革成为社会主义市场经济体制。在对外开放方面，1979年7月15日，党中央、国务院批准广东、福建两省在对外经济活动中实行“特殊政策、灵活措施”，并决定在深圳、珠海、厦门、汕头试办经济特区。外资大量进入中国，兴办独资企业、合资企业、合营企业，带来了先进的营销观念和经验。与此同时，学术界、咨询界开始向中国企业大量介绍国外的营销理论和方法。时至今日，中国的企业界仍然是五种销售观念并存。

（1）以生产为中心。大量生产低价产品，提高生产效率以降低成本、提高渠道效率以大量销售。然而，这种观念只适用于求大于供的情形（卖方市场）。

（2）以产品为中心。我的技术好，我的产品质量好、功能多、有特色、研发快，不大考虑客户痛点及其变化。这种观念也只适用于求大于供的情形（卖方市场）。

（3）以企业为中心。把客户放在对立面，认为客户对购买我的产品存在惰性或抗拒，所以客户不愿意购买或不愿意足量购买，于是需要企业去说服客户（拜访）、促使客户购买（促销）。这种观念只适用于非必需品、积压产品。

（4）以市场为中心。针对客户群体的需求，研发、生产和销售产品。这种观念适用于供大于求的情形（买方市场）。

（5）以客户为中心。针对单个客户的需求，研发、生产和销售半定制和全定制产品。这种观念同样适用于供大于求的情形（买方市场），尤其是B2B。

销售已经分化为推销和营销。前三种销售观念属于“推销”，后两种销售观念属于“营销”。以市场为中心、以客户为中心的共性是满足客户需求。然而，当所有的企业都在满足客户需求的时候，满足需求的做法就不灵了。所有的客户都知道需求吗？客户为什么会产生需求？为什么满足需求已经不灵了？多问几个为什么之后就会发现，需求的更深一层是“痛点”。营销必须发现、占领和解决客户的痛点。

所以，最有效的销售观念是“以痛点为中心”。

315模式的建立

我在为企业提供营销咨询服务的过程中发现很多企业存在三个问题，一是没有或没有系统的营销策略；二是不知道如何制订营销策略，甚至把营销策略与年度销售管理方案混为一谈；三是把产品、品牌和交易分开考虑（产品、品牌和交易实际上是同一件事——为客户解决痛点，理应通盘考虑）。这些问题直接导致销售效率低下、销售业绩不振。我决定帮助企业解决这些问题。2016年6月，我将经典的营销理论、一些品牌的成功案例和自己的咨询经验结合起来，创立了“315模式”，此后一边应用此模式，一边改进此模式。

315模式主要包括以下创新点。

（1）用3个二级策略、15个三级策略搭建了营销策略的逻辑关系和系统框架。

（2）提出了“以痛点为中心”的销售观念，并定义了“痛点”。

（3）指出市场竞争的本质是痛点竞争以及如何寻找痛点、如何选定竞争品牌。

（4）优化菲利普·科特勒提出的四种竞争策略。

（5）提出了四类痛点、四类品类定位、四类品类名、四类广告语。

（6）提出了广告语的评价标准和设计要求。

（7）优化艾·里斯和杰克·特劳特关于“定位”的定义。

（8）将“卖点”优化为“买点”，将郭昆漠的“FABE”优化为“BEAF”。

（9）定义了什么是成功的品牌。

（10）提出了四种销售目的。

（11）指出了价值定价的前提。

3个二级策略分别是产品策略、品牌策略和交易策略。产品策略旨在提升产品解决客户痛点的能力（产品力），品牌策略旨在提升品牌占领客户心智的能力（品牌力），交易策略旨在提升交易达成客户满意的能力（交易力）。三力齐发，提升企业的竞争力。

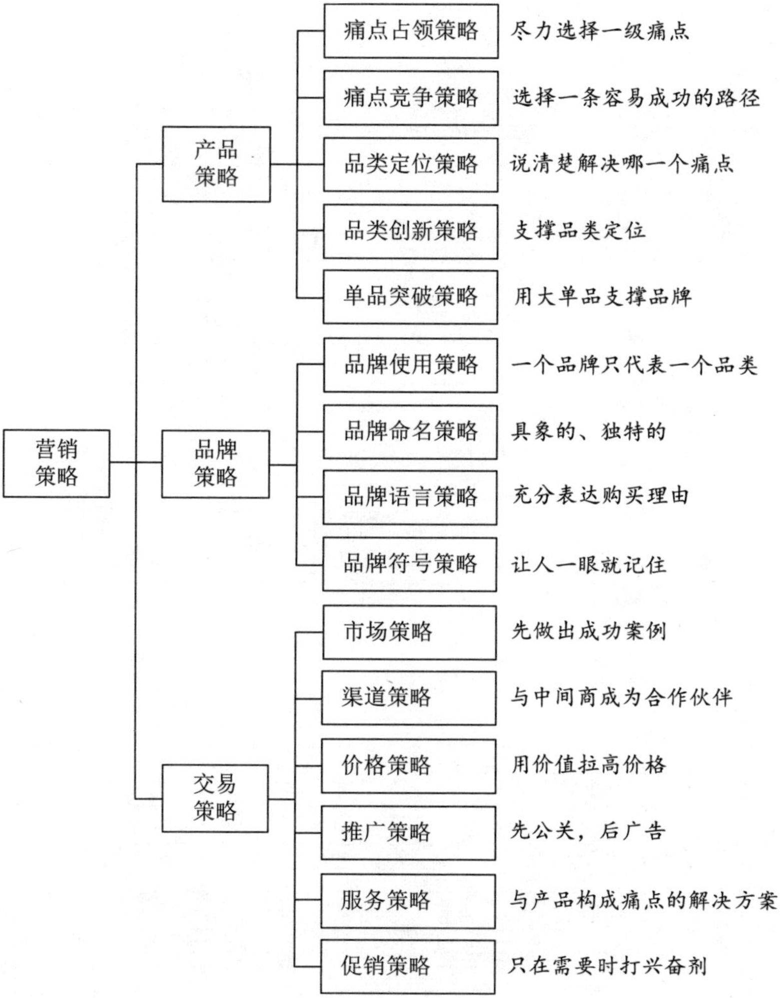
营销策略
产品策略
痛点占领策略
尽力选择一级痛点
痛点竞争策略
选择一条容易成功的路径
品类定位策略
说清楚解决哪一个痛点
品类创新策略
支撑品类定位
单品突破策略
用大单品支撑品牌
品牌策略
品牌使用策略
一个品牌只代表一个品类
品牌命名策略
具象的、独特的
品牌语言策略
充分表达购买理由
品牌符号策略
让人一眼就记住
交易策略
市场策略
先做出成功案例
渠道策略
与中间商成为合作伙伴
价格策略
用价值拉高价格
推广策略
先公关，后广告
服务策略
与产品构成痛点的解决方案
促销策略
只在需要时打兴奋剂

315模式

目 录

第 1 章　产品策略

产品策略旨在提升产品解决客户痛点的能力（产品力），包括痛点占领、痛点竞争、品类定位、品类创新和单品突破五个三级策略。

第 1 节 痛点占领策略

痛点占领策略的关键点：尽力选择一级痛点。

痛点引发购买

到底是什么引发了购买？是需求吗？满足客户需求就能成交吗？需求到底是什么？是什么让客户产生了需求，即购买动机是什么？

关于购买动机的描述有很多种：欲望、意念、需要、内部动力、原动力……有人还把购买动机进行了分类：本能动机、情绪动机、情感动机、理智动机、惠顾动机、社会动机、个体动机等。太复杂了，我们完全可以用“痛点”这个医学用语来描述购买动机。

哪里痛了，客户就会想办法解决，自己解决不了就引发购买。

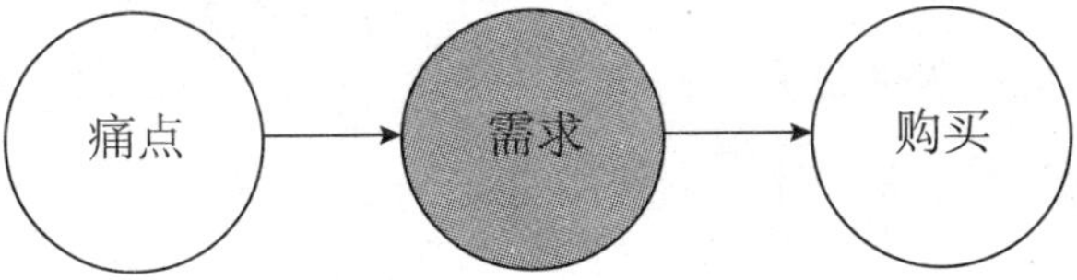

痛点即客户在购买或使用同类产品的过程中产生的不满和担心。

同类指相同品类。

痛点引发客户的购买欲望，决定客户的购买行动。客户不会购买解决不了其痛点的产品。如果你的产品没有占领“一个”痛点，客户就没有购买理由，产品就不好卖，不好卖就卖不好。

对一个客户来说，他最大的不满叫“个人一级痛点”；对客户群体来说，人数最多的个人一级痛点叫作“群体一级痛点”。本书所指的一级痛点系后者。

洪先生对手上这部手机最不满的是电池用不到一天，另外照相不太清楚，屏幕小了点（产生了三个痛点，其中一级痛点是电池不耐用）。今天他跟一个客户通话还没结束，手机就没电了，他对电池的问题忍无可忍，决定马上去买一部新手机（一级痛点加剧，引发购买欲望）。新手机的电池一定要耐用，同时照相要清楚，屏幕要大一点（他有三条采购标准，把解决一级痛点列为第一条）。电池耐用的手机，他脑子里想到的第一个品牌是某某品牌，于是买了这个品牌的高配机型。

有的用户对现用产品不满，自发产生痛点。这种痛点称为显性痛点，你要做的是发现它。

有的用户对现用产品基本满意或很满意，但当出现更好或不一样的产品时，因为有了参照物，他会对现用产品产生不满。这种痛点叫作隐性痛点，你要做的是引导它。

总而言之，对于一个品类，人人都会自发或通过引导产生痛点。

人人都有痛点，但多数人不知道需求

需求是痛点的解决方案。只有为数极少的专家型客户才知道用什么样的技术和产品解决痛点，具有明确的需求，这叫显性需求。大部分人不知道用什么样的技术和产品解决痛点，也就是说，大部分人的需求是不明确的，这叫隐性需求。你要是问他们需求，他们要么答不上来，要么就信口乱说。

很多人对于短途出行，无论是走路，还是开车、打车，不满的地方是“不方便”。在北大硕士戴威2014年创立ofo之前，如果你问人们短途出行的需求是什么，答案是五花八门的，但不会有人说“我要共享单车”。

1886年1月29日，卡尔·弗里特立奇·本茨（Karl Friedrich Benz，1844～1929年）成功试制了单缸汽油发动机，安装在三轮车架上，发明了世界上第一辆单缸发动机三轮汽车。很多人对马车的不满是“速度慢”，如果你要是问他们的需求，他们会说“我要一辆更快的马车”。如果本茨迎合这个需求，他就不会发明汽车了。

营销需要思考和解决的首要问题是：同类产品那么多，凭什么让客户选择你的产品？答案就是，你的产品要能够解决其痛点。营销是一个“痛点闭环”，从占领痛点开始，到解决痛点结束。

营销再也不是以市场、以客户为中心，而是以痛点为中心，营销再也不是满足客户需求，而是解决客户痛点。

市场竞争的本质是痛点竞争

同类产品太多了。这是一个传播过度的社会，每人每天都身处铺天盖地的商业信息中。商战的战场已经不是工厂、渠道，而是客户的心智。

正好符合客户痛点的品牌才会引起他的兴趣、占领他的心智。客户要购买的时候才会想起这个品牌。

有了心智份额才会有市场份额。企业的核心竞争力不是技术、资金、人才……而是占领客户心智的能力。占领不了客户心智，再好的管理、技术和人才都没用。

20世纪80年代初，我在别人家看电视，看到一个广告，一群年轻人骑着不用脚踩的两轮车驶过，广告语是“会骑自行车就会骑嘉陵”。很长一段时间我以为那种两轮车就叫“嘉陵”，后来才知道“嘉陵”是一个摩托车的品牌名。因为“嘉陵”这两个字抢先占领了我的心智，又因为那时候摩托车稀少，所以我用一家企业的一个品牌（嘉陵）代表了整整一个摩托车品类。1994年我买摩托车，毫不犹豫地买了嘉陵。

嘉陵是不是中国摩托车的第一个品牌呢？中国的民用摩托车起源于20世纪70年代末，军转民的品牌主要有嘉陵、重庆、金城，民用摩托车的品牌主要有望江、南方、玉河。也就是说，嘉陵不一定是第一个民用摩托车品牌，但它是第一个大做广告让大家知道的品牌。所以，不在于谁做的早，而在于谁最早让客户知道。谁抢先占领了客户心智，天下就是谁的。

世界上第一台电子数字计算机是宾夕法尼亚大学的一位老师和一位研究生于20世纪40年代发明的，这台计算机叫ENIAC（埃尼阿克），重30吨（也有说ABC才是世界上第一台计算机）。但他们没有自己做市场，而是把公司卖给了斯佩里·兰德公司。于是不少人以为计算机是斯佩里·兰德公司发明的。

佳洁士是美国市场“防止蛀牙”牙膏第一品牌，但进入中国市场时没有强化这一点，被高露洁抢先说了，结果高露洁成了中国市场“防止蛀牙”牙膏第一品牌。佳洁士再怎么反击也无济于事。

要抢占客户心智前三位。

同一个品类有很多品牌，只有那些占领了痛点的品牌才会引起具有这些痛点的客户的兴趣。对于同一个品类，人的心智中最多只能存储七个品牌，通常是三个以内，所以，你要抢先占领痛点，抢先占领客户心智。

一个品类的痛点会永无止境地产生，但在一个时期内痛点是有限的。

同行之间必有竞争。但把这种竞争说成是“商战”是不合适的。战争是你死我活，而商业竞争并非这样，大家都可以活得很好，那些死掉的企业不是被别的企业“搞死”的，而是自己“搞死”自己的。

商业竞争一直被说成“市场竞争”，争夺的是市场（客户群体、地域）。以市场为中心，就是市场竞争；以客户为中心，就是客户竞争。商业竞争表面上是品牌之间的竞争，品牌是品类的代表，一个品类要占领一个痛点，所以市场竞争本质上是痛点竞争。以前说要以市场为中心、以客户为中心，实际上应该“以痛点为中心”。以前说市场细分、客户细分，现在要做痛点细分。

商业竞争是企业之间的竞争吗？某某企业有什么动作，某某企业在抢我的客户，各项排名也是以企业为单元。想想似乎有道理。商业竞争是产品之间的竞争吗？客户买了别的企业的产品，就不会买我的产品了。想想似乎也有道理。

但是从客户的角度看，客户是在不同的品牌之间选择产品。那么，商业竞争的单元其实是品牌（竞品），而不是企业（竞争对手）和产品。这就是要打造品牌的原因。

所以，不要再用“竞争对手”这个词语，它很容易让人误以为竞争单元是企业。企业只是品牌的拥有者和运营者。要说“竞品”。

“竞争对手”的说法是错误的，直接与别的企业竞争更是错误的。你要解决客户的痛点，而不是“搞死”别的企业，你也“搞不死”。

A、B两家公司的主营业务都是饲料的研发、生产和销售。A公司只生产水产饲料，其品牌是水产饲料第一品牌。B公司的水产饲料销量虽然远远不及A公司，但还生产禽饲料、猪饲料，因此，饲料总销量比A公司多。A公司把B公司当成竞争对手，也生产猪饲料和禽饲料，结果做得很吃力，包袱也越来越沉重。

A公司错就错在把B公司当成竞争对手，跟B公司比整体销量。其实，B公司做禽饲料和猪饲料，跟A公司没有任何竞争关系。A公司应该将水产饲料这个大品类继续向下分化，进一步夯实品牌地位。后来，A公司宣布限制性发展禽饲料，选择性发展猪饲料，逐步提升水产饲料在公司饲料业务中的权重。

什么叫作成功的品牌？市场份额（重点是利润份额）做到前三名，前提是心智份额做到前三名。拿到金牌、银牌或铜牌，第四名以后就没有牌牌了。在竞争充分的品类中，最终得胜的品牌最多只有三个（甚至只有两个、一个），其他品牌都在艰难度日。比如，快餐品类的麦当劳、肯德基和真功夫；高档轿车品类的奔驰、宝马和奥迪；摩托车品类的豪爵、隆鑫和力帆；洗发水品类的海飞丝、飘柔和潘婷；牙膏品类的高露洁、佳洁士和中华；国产葡萄酒品类的张裕、王朝和长城；坚果品牌的三只松鼠、百草味和良品铺子。

如果你所在的品类集中度低，还没有形成品牌的三足鼎立局面，那你就有机会。

很多企业同时在做多个品牌。试问，连一个品牌都做不成功，怎么能把所有品牌都做成功呢？凑销量的企业，迟早会消失。

什么是好产品

美国质量管理专家朱兰（Joseph. M. Juran）说，产品质量就是产品的适用性，即产品在使用时能成功地满足用户需要的程度。

质量好就是好产品吗？为什么那么多质量很好的产品却卖不动？

产品为王。这话当然是对的，因为客户最终购买的是产品，不是品类，也不是品牌。那么，什么产品是好产品？

“好产品”是一个很含糊的说法，什么是“好”？技术先进、质量可靠、做工精细就是好产品吗？

质量不好就不是好产品吗？iPhone是智能手机的全球第一品牌，销量连续多年全球第一，利润占全球手机行业利润总额的

90%以上，它是好产品吗？至今它的电池还是不耐用。2007年苹果推出的第一款iPhone产品铃声不能换、不支持3G网络、不支持复制和粘贴、只有后置摄像头而且只有200万像素，按理说这根本不是好产品，但为什么人们排队购买？因为它占领了一个痛点——触控笔不方便，iPhone用触摸屏解决了这个痛点，用手指划来划去，很新鲜、很好玩、很方便、很时尚。

所以，占领了一个痛点并能够解决这个痛点的专家产品才是好产品！产品力就是解决客户痛点的能力。

没有占领一个痛点，只想着质量好，很容易导致质量过剩，成本比别人高，产品却卖不过别人的。

广东某公司做了一款老人专用的按摩椅，原材料和零配件都很考究，除了按摩，还有蓝牙音响、手机APP操控（包括远程操控）、心率和血压测量、皮革产生负离子、手机充电等功能。公司认为这款按摩椅的质量很好，直接成本高达4500元（材料+运费），花20万元开了一场招商会，但是一个订单都没有拿到。为什么？没有打动客户的痛点，而且蓝牙音响和手机APP操控对于老人显然是多余的功能。

什么是占领一个痛点？就是客户知道并认可这个品类是解决哪一个痛点的。占领一个痛点有两种情况，一是企业明确告诉客户产品占领的是哪个痛点；二是企业没有明确告诉客户产品占领的是哪一个痛点（往往是说了一大堆优点），但久而久之客户认为你的产品占领了哪一个痛点。

注意，是抢先占领“一个”痛点，而不是多个痛点。即使事实上你的产品能够解决多个痛点，定位、推广的时候都只能说一个痛点，给客户一个关注焦点，与别的品牌区别开来，客户才会对你的品牌感兴趣。等到其他品牌说“我也能”时已经来不及了，只能排在你的品牌后面，甚至进入不了客户心智，你就成功了一半。

一个产品占领很多痛点，这也行、那也行，好像目标客户更多、市场容量更大，其实不然，这样的产品一定卖不过聚焦一个痛点的专家产品。

一个产品占领一个痛点，具有这个痛点的客户才是你的目标客户，他正好想解决这个痛点，你的产品正好能解决这个痛点，这才是适销对路。

一个客户拒绝你，很可能是他没有这个痛点，或者他的这个痛点的级别不高，那么他就不是你的目标客户，你根本用不着因此丧气。

四类痛点

人们对同一品类的痛点是五花八门的，概括起来包括四类。

1. 客户利益类

客户利益包括三个方面：经济利益（提高销量、提高价格、降低成本、增加利润），问题利益（解决品牌问题、解决技术问题、解决原料问题、解决工艺问题、解决产能问题、解决效率问题、解决质量问题、解决服务问题、解决安全问题、解决技能问题、解决环保问题、解决节能问题、解决便利问题），心理利益（满足兴趣、满足面子、令人放心、占了便宜、职业安全、团队归属、彰显权威、成就感）。

杰克工业缝纫机2012年占领痛点“维修不及时”，定位“24小时到达现场”；中集占领痛点“客户室外验箱太辛苦”，定位“线尾收箱”；2015年瓜子二手车交易平台找出了痛点“有中间商赚差价”，定位“二手车直卖”。

2. 实际证据类

客户对卖方产品宣传的客户利益不了解、不相信而产生的痛点。

理光复印机占领痛点“不知道技术是否最先进”，定位“技术最先进”，广告语“我们领先，他人仿效”。

3. 使用功效类

这是关于产品使用后功效方面的痛点。

宝洁公司的洗发水品牌海飞丝、飘柔、潘婷分别占领“有头皮屑”“蓬乱”“掉头发”三个痛点；小米手机1占领“速度慢”痛点，推出发烧手机。

4. 产品特征类

这是技术、原料、结构、工艺、性能、功能、形状、尺寸、包装等方面的痛点。

摩托罗拉2000年找出痛点“手机不能上网”，定位“可以上网”，开发了智能手机。

要注意痛点的价值，也就是说，痛点的市场容量要足够大，否则产品再好也不好卖。

在深圳会展中心举办的2017年国际工业设计大展上，我看到深圳一家公司的手机新品类“陶瓷手机”。我问在场的一位研发工程师：“怎么想到开发这种手机呢？”回答：“陶瓷外壳是新材料啊，别人都没有，我们是第一个做的。”我又问：“有很多人对手机外壳不满意吗？不满意什么呢？”对方想了一下说：“这我搞不清楚。”我为他们捏了一把汗，这种手机能热卖吗？

痛点调研

既然要解决客户痛点，就要先找到客户痛点。如果你无法像乔布斯那样通过思考找到客户的痛点，就要去现场进行痛点调研。

传统的市场调研工作量巨大，要搜集客户、中间商和同行的详细信息，调查表厚厚一叠，访谈提纲长长一串，市场部、销售部的员工都不愿意做，请专业公司来做要花一大笔钱。于是很多企业就不正儿八经地做市场调研了，管理层凭了解或凭感觉来决策。

相比传统的市场调研，痛点调研就简单多了。

（1）询问人们，提到某个品类时他们想起来的几个品牌是什么，它解决了他们的哪几个问题？

（2）询问人们，对使用的同类产品他们有哪些不满，其中最不满的地方是什么？

然后列出痛点清单。

（1）统计个人一级痛点，得到群体一级痛点。

（2）标明哪些痛点已经被哪个品牌占领，哪些还没有被占领（痛点空白）。

因为没有痛点的概念，传统的市场调研没有方向，只好眉毛胡子一把抓，搜集回来的信息90%是无效信息，对营销决策没什么用。痛点调研就不一样了，简单、高效、有用。

一定要在产品研发（包括升级、换代）之前就进行痛点调研，以保证产品能占领某个痛点。产品生产出来以后再来找痛点就很被动，可能会发现很多技术、功能和部件与解决痛点无关，而解决痛点的技术、功能和部件恰恰没有，这就坏了。这样的产品注定不好卖，销售人员注定卖不好。

要在痛点空白中选择一个级别较高的痛点，最好是一级痛点，当然前提是企业要有能力解决这个痛点。

第2节　痛点竞争策略

痛点竞争策略的关键点：选择一条容易成功的路径。

选定竞争品牌

如何选择竞争品牌（竞品）？不是看它现实的市场份额，而是看它的心智份额——它有没有占领一个痛点？

在同一个品类中，凡是占领了一个痛点的品牌都是竞品。凡是没有占领一个痛点的品牌，无论它现实的市场份额如何，都不是竞品。

某企业某个品牌的市场份额是全国第五。经过痛点调研，发现这个品类前三名的品牌都没有占领一个痛点，第四名占领了一个痛点，但痛点比较宽泛。于是该企业将第四名的品牌定为竞品，选择了这个品类的第一痛点，次年销量翻番。该企业的五年目标是做到全国第一，极有希望实现。

在同一个品类中，如果别的品牌都没有占领一个痛点，就没有竞品。

宝洁公司1837年创立于美国，115年后的1988年进入中国市场。当时的市场有哪些洗发水品牌呢？印象中有蜂花、首乌、人参、苹果、海鸥等。宝洁通过痛点调研发现，这些在销的主流洗发水品牌质量都很好，但都没有占领一个痛点，于是宝洁在洗发水的使用功效上寻找痛点，针对“有头皮屑”的痛点推出海飞丝；针对“蓬乱”的痛点推出飘柔；针对“掉头发”的痛点推出潘婷。三个品牌在高峰期占领了洗发水市场60%的份额。

为什么总感觉竞争激烈？无非三种情况，一是你所在的品类价值较大的几个痛点都被别的品牌占领了，而你的品牌占领的痛点价值较小或没有占领一个痛点，导致你的产品卖不过那些品牌；二是你所在的品类占领痛点的品牌极少甚至没有，而你的品牌占领的痛点价值较小或没有占领一个痛点，你只好陷入价格战、促销战和客情战；三是你很想占领价值较大的痛点，但没有实力去解决这个痛点。事实上，很多品类的痛点没有被占领，因此竞争并不激烈。

选定竞品之后，就是如何与竞品竞争了，即制订竞争策略。

说起竞争，很多人的第一反应是挑战第一品牌。其实，“挑战”只是四种竞争策略之一，并且成功率最低。

美国的菲利普·科特勒——“现代营销学之父”，提出了企业的竞争性角色定位，分别是领导者、挑战者、跟随者和补缺者，并指出具有四种角色的企业下一步应该怎么做。定位依据是企业目前的市场份额。然而，有了心智份额才会有市场份额，制订竞争策略的依据应该是企业目前的心智份额而不是市场份额，应该将名词“领导者”“挑战者”“跟随者”“补缺者”改为动词“领导”“挑战”“跟随”“补缺”，让竞争策略直接成为目前的行动。

竞争策略一：领导

你的产品所在的品类没有任何一个品牌占领一个痛点（没有竞品），而你抢先占领了一个价值较大的痛点。在这种情形下，你可采取五种具体的领导行动。

1. 取得第一

通过推广，占领客户心智的第一位置；通过交易，取得销量和利润的第一名。

世界上第一家快餐店1885年出现在美国纽约。1939年，哈兰德·桑德斯上校针对“没有鸡肉快餐”的痛点，创立了肯德基。

施乐抢先占领“复印纸太贵”的一级痛点，第一个推出了普通纸复印机。

《花花公子》占领“没有专供男士阅读的杂志”的一级痛点，第一个推出了男士杂志。

通威占领“幼虾成活率低”的一级痛点，第一个推出了保肝护肝的“虾肝强”对虾饲料。

2. 扩大品类

如果你的品类目前的市场容量不够大，就要先隐去品牌，主推品类，把蛋糕做大了再来推品牌。

价格战导致阿胶品类的市场容量急剧萎缩，原料（驴皮）都成了问题。东阿阿胶采取了“隐去品牌推品类”的竞争策略，大力宣传“滋补三大宝，人参、鹿茸和阿胶”，并连续多次涨价，很多原先不生产阿胶的大型医药集团纷纷进入，40多家做阿胶的小厂也全部回来了，使得阿胶品类重新活跃起来。

3. 品类进化

品类进化的目的是持续改善解决痛点的能力。进化是对同一个产品进行升级、换代（流行的说法是“迭代”）。进化不会产生新品类。

IBM在20世纪50年代后期也开始生产大型商用计算机。由于斯佩里·兰德公司没有及时封杀IBM，进而由先驱变成

“先烈”，IBM成为“蓝色巨人”。IBM后来控制了PC品类，每隔一段时间就推出一种计算机新品引领市场，这些新品与其自身和市场上的现有计算机相比，在价格、性能等方面都有优势。客户们等待IBM的新品已经成了一种购买习惯。

4. 品类分化

其目的是用细分品类抢占新的痛点。细分品类是新品类。

南孚电池成为小电池第一品牌后，对小电池品类进行分化，占领“没有燃气灶专用电池”的痛点，推出“丰蓝1号”燃气灶电池，进而“丰蓝1号”成为燃气灶电池第一品牌。

5. 复制新品

持续监视几个企业实力较强的品牌的动作，一旦发现它们在你的相同品类上有什么创新（进化或分化），立即复制这个新品类，封杀它们的进步。

竞争策略二：补缺

你的产品所在的品类已经有品牌占领一个痛点（有竞品），而你的产品要占领的痛点与它们占领的痛点不同。

在这种情况下，企业有两种具体的补缺行动。

1. 对立

你的产品占领的痛点是竞品核心优势中的弱点，但是竞品不能改善这个弱点，否则会失去核心优势。这种补缺行动很容易形成新产品与竞品并驾齐驱的竞争格局。

宝马轿车。宝马公司创立于1916年，比奔驰公司晚33年，此时奔驰已经是世界高档轿车市场份额的第一品牌。宝马早期生产军用飞机引擎、摩托车发动机、摩托车，1928年开始生产汽车，但直到33年后的1961年才找到正确有效的竞争策略。宝马发现，奔驰占领的痛点是“坐起来不舒服”，品类定位为“奢侈”，核心优势是车体大、操控平顺和后座舒适。但是客户产生了“开起来不舒服（操控性较差）”的痛点，于是宝马决定占领这个痛点，定位为“超级驾驶机器”，车体小一点、操控狂野一点和前座舒适，主推3系，结果反超奔驰。

和其正。2008年和其正调整竞争策略，针对王老吉的“罐装的分量少”，和其正改为瓶装，分量大，目标客户调整为家庭，重点市场调整为北方，与王老吉的重点市场区隔开来，结果销量迅速增长。

鲁花。金龙鱼调和油占领的痛点是“营养不均衡”，品类定位是“1：1：1营养均衡”，鲁花针对金龙鱼的浸出工艺，其花生油的定位由“香”升级为“天然压榨，非化学浸出”。“香”确实是花生油最大的特点，但这是站在自己角度的定位，站在与金龙鱼竞争的角度而言，“香”是无力的。

QQ轿车。奥拓的弱点是“老旧和缺乏活力”，QQ轿车把自己定位为“时尚和有活力”，一举获得成功。

百事可乐。可口可乐的核心优势是“传统、经典、历史悠久”，但是年轻人不太喜欢，于是百事可乐将“年轻人不喜欢”作为痛点，把自己定位为“年轻人的可乐”。

七喜。因为可口可乐和百事可乐都含有咖啡因，所以七喜把自己定位为“不含咖啡因的非可乐”。

2. 错位

占领的痛点与竞品占领的痛点不同，且不是对立的。

在第三方网购平台中，京东找出“到货慢”的痛点，推出了“211限时达”“次日达”配送服务。拼多多2015年成立，在痛点空白中找到“价钱贵”，采用了拼单模式，定位“第三方社交电商平台”。

竞争策略三：跟随

你的产品所在的品类已经有品牌占领一个痛点（有竞品），而你要占领的痛点与第一品牌占领的痛点相同，并决心与第一品牌同样地解决这个痛点。

简单地说，就是模仿。当然，要在跟随中创新，不能完全照搬。

此竞争策略有三种具体的跟随行动。

1. 近跟

跟随心智份额和市场份额都是第一的品牌。占领的痛点与竞品相同，同时借助对方的势。这种行动有点像“傍大款”。

青花郎的广告语是“青花郎，中国两大酱香白酒之一”，并说“云贵高原和四川盆地接壤的赤水河畔，诞生了中国两大酱香白酒，其中一个是青花郎”。

2. 远跟

跟随心智份额和市场份额都是第一的品牌。占领的痛点与竞品相同，但只聚焦对方的次要产品、次要客户或次要市场，不引发对方的反击。在有限的产品、客户、市场中积累优势，为产品扩张奠定基础。

金伟农。饲料行业的强势品牌们看不上肉羊饲料这个小品类、小市场，位于江苏南通的金伟农公司专心经营肉羊饲料，在不到5年的时间里做成著名品牌，2016年销量目标是10万吨，提前于9月24日完成，利润率远远高于饲料行业平均水平。

九阳。1994年，25岁的王旭宁研发了全自动家用豆浆机，后创立了九阳公司，聚焦大型家电企业看不上的豆浆机，九阳豆浆机很快占领市场。2008年，九阳公司在深圳证券交易所中小板上市。2017年，九阳的营业收入是72.48亿元，净利润是6.89亿元。

华为。1987年华为成立，1992年华为开始研发并推出农村数字交换解决方案。为什么要走“农村包围城市”的路线？因为当时国内的通信设备市场是欧美日几家跨国企业的天下，它们对农村市场不屑一顾，因为农村市场线路条件差、利润低。华为从农村市场起步，将目标锁定在县级地区，才有了今天的成就。

3. 反超

如果竞品占领了一级痛点，但心智份额和市场份额还不大，那么你的产品就要迅速模仿并实现超越。

美的公司的空气能热水器模仿的是同益的热泵热水器。

可口可乐公司的低热量可乐品类健怡可乐模仿的是皇冠可乐公司的健怡健特。

瓜子二手车直卖网模仿的是采用C2C模式的人人车。

QQ模仿美国的OICQ。

竞争策略四：挑战

你的产品所在的品类已经有品牌占领一个痛点（有竞品），而你要占领的痛点与第一品牌占领的痛点相同，并决心比第一品牌更好地解决这个痛点。

注意，这是近身肉搏，风险很大，很可能会以你的失败而告终。

FF91电动汽车。2017年1月4日，乐视汽车在拉斯维加斯举行首款量产电动汽车FF91发布会。据介绍，这款车的车身尺寸为5250毫米×2283毫米×1598毫米，轴距3200毫米。车辆通过RFID可以与用户的手机进行通信，通知感知用户的基本情况，并能通过显示系统欢迎用户。同时，交互式阵列光显系统也能向用户传达车辆的相关信息。根据官方的数据，FF91从0到90千米/小时的加速时间为2.39秒，超过了法拉利488 GTB、特斯拉Model S P100D等在内的顶级跑车和同级别电动车。FF91电池一次充电续航里程超过700千米。同时具备快充功能，充电一小时便可实现500千米续航里程。FF91把顶级跑车法拉利488 GTB和同级别电动车特斯拉Model S P100D作为竞品，一打二。

条条大路通罗马。四种竞争策略、11种竞争行为都能够让你的品牌成功，你只需要根据痛点的占领情况和自身实力来进行选择。大部分竞争行为体现了“不同”，痛点细分很容易让你做到差异化。更重要的是，客户比较难以区别你的品牌比别的品牌好在哪里，但很容易发现它们之间的不同。

第3节　品类定位策略

品类定位策略的关键点：说清楚解决哪一个痛点。

品类在不断分化

“定位”这个词语近些年很火。但说到定位，很多企业片面理解为档次，用档次来进行定位，高中低档、高中低端。然而，品类定位没有档次之分，只有痛点之别。档次是定位的结果，而不是定位本身。占领的痛点级别越高，档次自然越高。没有痛点，何来档次？无论什么档次，都要占领一个痛点。

品类是相同或相似产品的归类。

品类具有“层”的特点，一层一层向下分化，这符合自然规律。在一个企业，所有的第一层品类归集起来叫“业务”，最末层是“品项（也叫产品、品种）”，见下图所示。

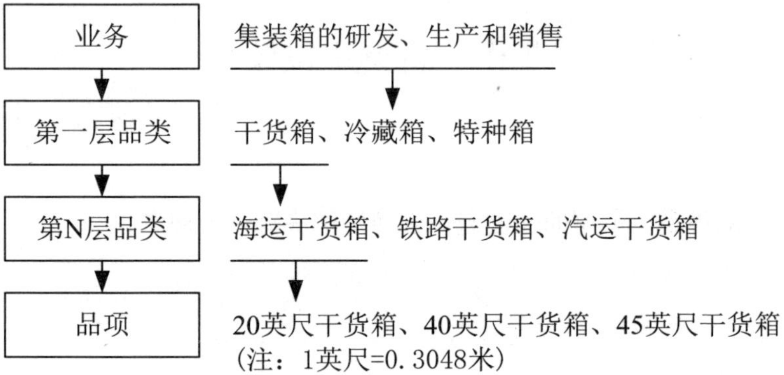

要成为品类一定要客户认可。因为有的“产品线”是企业站在自己的角度设计的，客户不认可。客户不认可，“产品线”就不构成一个品类，即“产品线”是企业想做的，不是客户想要的。

海尔。2006年海尔推出“成套家电”品类，试图拉动自己96个品类15000多个产品的销售，以失败告终。原因很简单，客户没有“家电不成套”的痛点，家电不可能都买海尔的，他们可能会认为，海尔的强项是冰箱，空调不如格力、电脑不如联想……客户不认可“成套家电”这个品类。

香烟行业。不少企业推出过不同香型的香烟，“淡雅香型”“本草香型”……没有成功。原因何在？因为客户对香烟的香型没有什么不满意，较大的一个不满意是价格，价格代表了香烟的档次，讲究面子的抽60元/包以上的高档烟，讲究实惠的抽20元/包左右的中档烟，需要省钱的抽10元/包以下的低档烟。

青岛啤酒。2007年青岛啤酒推出的“运动型啤酒”不构成品类，因为客户不存在“没有运动后喝的啤酒”这个痛点，当然就不认可这种啤酒。

创联。创联的创始人2007年从美国回国创业，生产一种洗衣球，洗涤原理是物理震动。人们早就习惯了用化工产品（洗衣粉、洗衣液、肥皂、衣领净……）来洗衣服，用震动的小球洗衣服是一种颠覆几乎所有人洗衣习惯的方法。创联把洗衣球定位于“更干净的洗涤用品”，详细说明洗涤原理，搞了很多场现场演示，推广效果不理想，因为人们很难判定用洗衣球洗衣服是不是洗得更干净。更重要的是，人们几乎没有“化工产品洗不干净衣服”的痛点，当然也就不认可这个品类。

事实证明，下一层品类对上一层品类的攻击力是非常强大的，因为占领的痛点更细分，产品更专业。

什么是定位

艾·里斯、杰克·特劳特在1981年出版的首部专著《定位》（*Positioning*）中说："（定位就是）如何让你在潜在客户的心智中与众不同。"

然而，仅仅"与众不同"是不够的，必须能够解决客户痛点。不能解决客户痛点的"与众不同"没有价值。

在制订痛点竞争策略的时候，你已经选择了一个有能力解决的痛点，这个痛点要用品类定位来完成表达的第一步（后续还有好几步表达）。

品类定位就是说清楚你的产品是哪一类、解决哪一个痛点的产品。针对客户的痛点定一个位，然后占位，就跟导航一样，把自己导进去。

定位精准的产品自己会说话，具有"静销力"。

1. 你的产品属于哪一个品类

产品归类错误会直接导致销售人员说不清楚，品牌进入不了客户心智。

承恩公司。2017年4月承恩公司推出第一个品类——“孝心定制椅”，承恩解释说，不想把它归为按摩椅，因为在按摩椅上竞争不过别家，所以想在按摩椅与沙发之间创造一个品类。实际上品类归类是“椅”，但是过于宽泛，而且没有体现出按摩椅与沙发之间的那个品类。按摩椅和沙发是消费者高度认可的两个品类，想在两者之间生硬地创造一个品类，很难得到消费者认可。曾经有一家企业创造了一个品类叫“按摩沙发”，但是失败了。从产品特征，尤其是功能来看，还是应该归类于“按摩椅”大品类，因为客户只会说“我要买按摩椅”。

老板公司。从2011年起，在方太的影响下，几乎整个行业的企业都把油烟机归类于“厨电”。但是，消费者习惯的表达是“我要买油烟机，选择什么品牌？”，而不是“我要买厨电，选择什么品牌？”。“厨电”是一个非常典型的“伪品类”，虽然是行业内约定俗成的表达，却不是消费者心智中已经存在的认知。于是老板公司把产品归类于“油烟机”，品类名“大吸力油烟机”。

某公司生产一种心形的“优牙牙刷盒”，2016年初上市销售。这个盒子利用LED灯泡发出的短波紫外线可对刷头进行消毒。很明显，这个产品不能归类于牙刷盒，因为人们对牙刷盒的认知已经固化，认为是很便宜的塑料盒子，而“优牙牙刷盒”的价格是普通便携式牙刷盒的几十倍。归类错误，很难进入客户心智。

2. 你的这一类产品解决哪一个痛点

用简单的文字把定位描述出来。一个词语最好，让这个词语在客户心智中成为你的产品的专有词语，比如沃尔沃汽车的“安全”，云南白药创可贴的“含药”，阿胶糕的“美颜”。

你在销的品类有没有占领一个痛点？如果没有，赶紧选择一个你有能力解决的痛点。

新品类要在研发之前就进行定位，定位研发。

没有定位、定位不精准的产品是糊涂产品。精明的客户会买糊涂产品吗？

很多企业喜欢产品定位很宽，样样都行，包医百病。殊不知，什么都是，就什么都不是。说得越多，就越同质化，让客户失去了关注焦点。

“说清”产品，才能“说动”客户。营销人员说不清产品，怎么说动客户购买呢？

某公司花50万开了一场新产品发布暨招商会，三个月过去了，一个经销商都没招到。访谈的时候，营销总监说，“我们自己都说不清产品，不知道怎么卖，怎么让经销商卖呢？”

广东一家上市公司由做环保转型做厨电，其中包括油烟机，说是“智能吸油烟机”。客户有“油烟机不智能”的痛点吗？“智能”太空泛，令客户很费解，激发不了他们的购买欲望，实际上这就是产品没有定位。还有，启用新品牌本来挺好的，但偏偏在品牌名前面加上了企业名，企业是做环保的，加上企业名以后反而不利于形成品牌印象。

买衣服最大的麻烦是尺寸。各个厂家的衣服都标有尺寸，但实际表现并不一致，比如，我买西装，有的品牌要买185，有的品牌185小了，要买190的。再比如，有的裤子36

码就够了，有的裤子要穿38码，拿尺一量，腰围基本一样。有没有办法实现衣服尺码的统一呢？我问过做服装的人，他说这种不统一是因为定位不同，如有的服装定位为年轻人穿的衣服，就会瘦一些。为什么不按体型定位，要按年纪定位呢？

为什么客户会说“不需要”“太贵了”“你的产品对我没什么用”“我考虑一下”“把资料留下来，到时候再找你”“过段时间再说吧”“我很忙”“以后别打电话了”？最主要的原因是你的品类没有占领客户的一个痛点，没有给客户一条强力的购买理由，他当然拒绝你。

四类品类定位

没有完美的产品，只有完美的定位。任何公司都做不出完美的产品，但任何公司都可以做出完美的定位。

与痛点相对应，品类定位也包括四类。

1. 客户利益类

青海春天公司的冬虫夏草——不用蒸煮的纯粉片。

承恩公司的按摩椅——让老人呼吸负离子的按摩椅。

爱心公司的保健品——永葆十八岁的女性保健品。

江小白公司的白酒——青春小酒。

京东公司的购物平台——211限时达和次日达的购物网。

杰克公司的工业缝纫机——24小时到达现场的中档工业缝纫机。

沃尔玛百货公司的连锁店——低价购物广场。

车好多公司的瓜子网——二手车直卖网。

2. 实际证据类

香飘飘公司的奶茶——杯装奶茶开创者。

理光公司的复印机——技术领先的复印机。

格力公司的空调——好空调。

3. 使用功效类

东阿阿胶公司的阿胶糕——美颜的零食。

加多宝公司的王老吉凉茶——预防上火的饮料。

加多宝公司的加多宝凉茶——换了品牌名的、预防上火的饮料。

GEOX（健乐士）公司的休闲鞋——排汗防水的休闲鞋。

宝洁公司的洗发水——去屑的洗发水、柔顺的洗发水、健康的洗发水。

百洋股份公司的猪饲料——预防和治疗咳嗽和气喘的猪饲料。

重庆鲸刺的控制器——预防泛塘的增氧机控制器。

4. 产品特征类

云南白药公司的创可贴——含药的创可贴。

宝马公司的轿车——超级驾驶机器。

达利园公司的凉茶——瓶装凉茶。

蒙牛公司的高档牛奶——采用北纬40度高品质奶源的牛奶。

品类命名的要求

产品还需要两个名字，一个品类名，一个品牌名。品类名可以与品牌名相同。

从传播的角度来说，打动人们心智的不是产品本身，而是该产品的两个“名字”。名字就像尖刀，划开人的心智；名字就像钩子，把你的品牌钩在人们的心智中。

生了孩子，起名字可重视了，发动七大姑八大姨，查字典、问风水，不亦乐乎。企业起品类名更要重视，不可随意对待，企业起品类名要注意三点。

1. 品类名要通俗，客户容易理解

“移动电话”太专业了，不通俗，人们改叫“手机”。

中国是猕猴桃的原生中心，猕猴桃的原产地是湖北宜昌市夷陵区雾渡河镇。因为猕猴喜欢吃这种果实，所以该果实被叫作猕猴桃，晋朝曾改名为“羊桃”。1900年5月，英国植物学家厄内斯特·亨利·威尔逊在湖北宜昌采集植物标本时发现了野生猕猴桃。1903年，新西兰教育家玛丽·伊莎贝尔·费雷瑟到宜昌看望担任苏格兰教会教师的妹妹，次年回国时，带了一些野生猕猴桃的种子，这些种子由一位农场主栽培，1910年结果。后来新西兰逐步扩大种植，猕猴桃销售到全球70多个国家和地区。很长一段时间，外国农场主们把猕猴桃称为“中国醋栗”，因为他们觉得猕猴桃的味道很像他们栽培久已的醋栗。1962年，美国的农产品批发商弗里达·卡普兰应客户要求从新西兰进口猕猴桃，那时美国人对猕猴桃很陌生，销售不畅，于是水果商建议将猕猴桃的名字改为“奇异果”，因为新西兰的国鸟是“奇异鸟”。改了名的猕猴桃在美国热销起来。这个现象在中国同样出现，改叫奇异果后变得好卖起来。

美的的“热泵热水器”就是一个过于专业的品类名，后来就改为“空气能热水器”，因为客户已经熟悉“太阳能热水器”“电热水器”“燃气热水器”，很容易就对“空气能”产生基本的认知。

正大康地2017年1月推出“饼干料”，品类名很好，就是形状像饼干的饲料，因为客户已经熟悉了“粉料”“颗粒料”。

“核桃黑芝麻黑米黑豆粉”，这个品类名你记得住吗?建议改为“四合粉”。

“全智能微电脑预热水暖循环增压装置”是与热水器配套的一种电器，你能记住这个名字吗？叫“增压器”是否更容易记忆呢？

广东佛山的两家瓷砖企业，一家推出了“大理石瓷砖”，一下子就火了，整个行业都在模仿；另一家推出“瓷抛砖”，推广有点艰难。都是好产品，为什么市场反应不同？主要原因可能在于品类名，“大理石瓷砖”通俗，客户一听就懂，而“瓷抛砖”太专业了，客户听不懂。

2. 品类名要通用

通用就是别的企业也可以用，当你创造了一个新品类，要欢迎别的企业也来做这个品类，一起把这个品类做大。

同学李先生正在创业，项目叫“基于充电桩做入口的电动汽车时空生态圈”。我请他说“人话”，因为我听不懂，“时空生态圈”不是通用性的表述、不通俗。他说就是“布局充电桩拉用户然后做汽车前后市场的服务”。我建议叫“电动汽车管家”，这样的品类名客户才懂，才方便别的企业进入，一起把市场做大。

某公司开发了一种入户大门，将空气净化器与门融合在一起，想叫“365净化器门”，我建议他改一下，叫作“净气门”。

3. 品类名要体现品类定位

品类名要直击客户心智，让客户一看品类名就知道这个品类是解决哪一个痛点的。

南孚是小电池品类的知名品牌，前几年推出了一个新品类，叫“防漏电池”，但销量不佳。后来改为“燃气灶电池”，销售额很快突破1亿元。

广东某企业的品类名是“高端凉茶”，一罐20元，价格是王老吉、加多宝的五倍多，三年还没有打开销路。“为什么定价这么高？”“高端啊。”“为什么高端？”“用的是化州陈皮啊。”“现在主打哪个市场？”“北京。”“为什么是北京呢？”“我的凉茶可以清肺，对付雾霾啊。”“北京人知道什么是化州陈皮吗？”“好像不懂。”那为什么不起一个与对付雾霾相关的品类名呢？

有一种产品叫作“取暖器”，实际上是用来烤脚的实木电器，是取暖器的分化品类，叫“烤脚箱”更合适。

“刮毛扫把”，直击痛点，容易理解和记忆。

四类品类名

（1）产品特征类：技术（智能手机）、原料（苦荞酒）、结构（弯梁摩托车）、工艺（膨化饼干）、性能（超级跑车）、功能（大吸力油烟机）、形状（曲面电视机）、尺寸（中大型SUV）、包装（红罐凉茶）。

（2）用法类：共享单车、移动电话（手机）、随身听、机顶盒。

（3）用途类：游戏本、商务衬衫、燃气灶电池、文身贴。

（4）用户类：男士香水、婴儿奶粉、学生早餐、情侣装。

品类融合成功的条件

很多企业在谈品类融合、搞品类融合，但成功率很低。品类不是不能融合，但是有条件。

曾经有很多品类融合产品，如飞车（把汽车和飞机融合在一起）、水陆两用车、互联网电视机（把电视机和互联网融合在一起）等，它们都没有成功。

深圳创客周展览会上，一家企业创造了一个新品类“智能水杯”，杯盖是个水质检测器，装水后倒过来，显示屏会显示水质数据，还有小灯提示，红灯表示水质不合格，不能喝。杯子具有保温功能，用的是纽扣电池。市面上已经有很多水质检测笔了，30多元就可以买到。“智能”这个词太宽泛，应该叫“水质检测保温杯”。但是，水质不合格怎么办？只能换水。这个融合了保温杯和水质检测器的产品能够成功吗？

有些品类融合产品获得了巨大成功，比如带橡皮的铅笔，融合了互联网、照相机、音乐播放器、视频播放器、收音机、计算器、电筒、钟表、镜子、指南针、办公软件、导航仪的智能手机。它们之所以能够成功，是因为占领了“不方便”的一级痛点，给人们提供了便利。

所以，只有提供了便利的品类融合才有价值。

第4节　品类创新策略

品类创新策略的关键点：支撑品类定位。

不能盲目创新

达晨创投的肖冰说，销售人才创业时代过去了，技术“大佬”未来将受到（创投的）追捧，技术会在创造价值里面占主导作用。这话当然是对的，但是前面说过，一定要在产品研发（包括升级、换代）之前就进行痛点调研，以保证产品占领某个痛点，支撑品类定位，以免搞成盲目的技术堆砌。

产品没有占领一个痛点、没有品类定位的时候，研发就没有方向，左改右改，总觉得不对劲，研发很久产品也上不了市，就会错过了最佳时机。

技术再先进也要想明白，这项技术是解决哪一个痛点的？否则很容易造成盲目的技术堆砌、技术过剩。无论是对现有品类进行升级、换代，还是创造一个新品类，创新都要支撑品类定位。不能支撑品类定位的创新，客户是不会认可的，是没有价值的。

所以，企业应该在制订了痛点占领、痛点竞争、品类定位和品类创新四个策略以后，再来研发产品，这样可以少走弯路，缩短研发周期，降低研发成本。

长沙某公司的主营业务是养殖粪便处理，想扩展品类，开发了一款马桶，叫“源分离型无水生态厕所”，不用水的马桶，技术很先进，但推广不开，因为人们不习惯不用水。所以，创造新品类要考虑客户内心既有的认知和是否存在相应的痛点。

韩国ESSE香烟在烟嘴里埋了一粒爆珠，爆珠里面是薄荷油，想吸薄荷味的时候就把爆珠捏碎。这种创新非常有价值。

从哪里寻找品类创新点

痛点、品类定位包括客户利益类、实际证据类、使用功效类和产品特征类，品类创新点当然要从这四个方面去寻找。

下面重点说说从产品特征上寻找品类创新点。

（1）技术。iPhone自有的iOS操作系统、图形界面技术、触屏技术；汽车、地铁、飞机采用无人驾驶技术；鞋采用防水透气技术。

（2）原料。兽药中加入中草药提取物；饮料中加入果汁；方便面中加入酸菜；啤酒中不含甲醛；鱼油采用深海鱼制成。

（3）结构。摩托车的弯梁。

（4）工艺。饼干、饲料的生产采用膨化工艺。

（5）性能。处理速度更快的芯片。

（6）功能。手机融合上网、拍照、音乐功能。

（7）形状。糖的中间有个洞。

（8）尺寸。甲壳虫轿车一直坚持小尺寸。

（9）包装。饮料用瓶子、罐子、纸盒来包装；坚果用真空包装；大闸蟹用冷冻包装；钙片用蓝色的瓶子包装；蓝色经典白酒用蓝色的瓶子包装；可口可乐的瓶子是曲线的；小罐茶的包装是小罐子。

江小白的品类定位是“青春小酒”，为此，2012年产品研发时就确定了以下几个创新点：①单一原料（红皮糯高粱）；②轻口味酒体，45度及以下；③光瓶，纸套印上江小白语录（语录瓶）；④小包装100毫升。

最好请客户参与研发。这种产品就不是“我的（厂家的）”，而是“我们的（厂家和客户的）”，客户认可度自然就高，产品自然就好卖。

2010年8月，成立不久的小米公司开发第一个产品——基于安卓的MIUI（手机操作系统）。为了让用户深入参与产品研发，公司设计了名为“橙色星期五”的互联网开发模式，每周五下午发包（把MIUI内测版放在论坛上），请用户下周二提交体验报告，一开始就收到上万份的反馈。公司通过体验报告，汇总出用户最喜欢哪些功能、哪些功能不够好、期待哪些功能。周三升级、周四内测，周五再发包。开发团队的规模越来越大，包括小米的100多名工程师、论坛上的1000名专业水准极高的荣誉内测组成员和10万名开发版用户，很多功能设计都是通过论坛交由用户讨论或投票决定。2011年8月小米手机1发布的时候，MIUI用户已经突破50万，他们成为小米手机1的种子客户。

第5节　单品突破策略

单品突破策略的关键点：用大单品支撑品牌。

你有大单品吗

“产品种类齐全，要啥有啥，销量就会上去”，这是一种相当普遍的销售意识错误，是凑销量的思维。产品种类不是要多，而是大单品要多。种类多，一个大单品也没有，为了销量就继续增加种类，形成恶性循环，最终成为杂货铺。

只有大单品才能够支撑品牌。现在是专家品牌、专家品类、专家产品时代。

市场越大，越需要聚焦单品，做成全国大单品、全球大单品。

大部分成功的品牌都是从打造一个大单品开始，一步一步走过来的。

华为。1987年华为成立时，只做交换机这一个品类。2016年其销售额5216亿元、净利润371亿元。

温氏。1983年温氏成立时，只做肉鸡养殖这一个品类，现发展到养鸡、养猪全国、世界前列。2016年销售额593.55亿元、净利润117.9亿元。

格力。1991年格力成立时，只做空调这一个品类，1995年格力空调的产销量做到全国第一。2016年销售额1083.03亿元、净利润354.17亿元。

海尔。1984年海尔成立时，只做冰箱这一个品类。2016年销售额638.55亿元、净利润27.86亿元。

立顿。1992年立顿进入中国时，只做红茶包这一个品类，短短五年做到茶包销售额第一。

春秋航空。2005年起飞，春秋航空只做低价客运这一个品类，连年营利，业界奇迹，2016年销售额84.29亿元。

巨人。1997年史玉柱复出，只做脑白金这一个产品，

2008年销售额突破100亿元。1998年至2016年，连续19年名列保健品销量前茅。

还有些企业原来产品很多，选择一个品类或产品打造成大单品，获得了巨大成功。

万科。1994年万科开始把矿泉水（当时的怡宝已经是著名品牌）、超市、录像机、家电维修、电力、影视广告、模特培训、服装、饲料全部砍掉，聚焦房地产，成为著名的房地产品牌。

劲霸。2002年劲霸把非夹克的产品全部砍掉，成为著名的夹克专家品牌。

王老吉。2003年砍掉红茶、绿茶、果汁等产品，只留下单一产品——310毫升的红罐凉茶。2007年，王老吉在中国的销量超过可口可乐，成为“中国饮料第一罐”。销售额由2002年的1.5亿元增长到2011年的150亿元。

真功夫。2008年将“中式快餐”品类主动分化出“米饭快餐”，砍掉面条、米线等品类，只保留米饭这一个品类，并且将香汁排骨饭作为主推产品。将汤品由七八款降为一二款，将速度定为“60秒到手”。2010年销售额突破20亿元，成为中国快餐五强企业中唯一的本土企业。

长城。2009年实施“以品类优势打造品牌优势”的营销战略，聚焦SUV品类（哈弗品牌），暂时保留皮卡品类（风骏品牌）和轿车品类（腾翼品牌），砍掉MPV品类、工程车品类，砍掉其他六个子品牌。2010年夺回中国市场SUV第一的位置。如今已成为最赚钱的本土汽车企业之一。

统一。2009年将100多个方便面产品砍得只剩下10个，并主推老坛酸菜面，在四川试点，单品销售额达5亿元。2010年向全国推广老坛酸菜面，当年销售额20亿元，2012年达40亿元。

家有购物。贵州电视台的电视购物频道，2009年投入运营，2010年聚焦家居用品这一个品类，砍掉3C品类、大家电品类、旅游品类、收藏品类。2011年销售额接近20亿元、利润接近2亿元。

爱玛。爱玛是事实上的电动车品类领导者，但2012年电动车增速放缓，自行车、电动三轮车品类不及对手。竞品雅迪电动车大力传播其“中国电动车领导者”的定位，让爱玛陷入被动。爱玛聚焦电动车品类，逐步收缩自行车和电动三轮车。以“年销量率先突破300万辆”作为广告语，让竞争对手无力还击。同时爱玛进行了多项战术配套。2013年和2014年，爱玛电动车销量相继突破350万辆和400万辆，稳居行业前列，并拉大了与竞品的差距。

香飘飘。面对优乐美的攻击，暂停年糕、奶茶店，退出房地产，砍掉瓶装、袋泡和粉包奶茶，只做杯装奶茶，启用广告语“杯装奶茶的开创者和领导者”，捍卫了自己的地位。2017年11月底在上海证券交易所主板上市。

单品指单个品类或单个产品。大单品指这个单品的市场份额达到前三名，最好是第一名。杰克·韦尔奇一再强调要做到“数一数二”。

在成功的企业中，有的企业只有一个单品，并且是大单品；有的企业不止一个单品，有大单品群。

大多数企业都是产品越做越多却没有大单品，就不可能形成品牌。

打造大单品从哪里开始？聚焦，聚焦，聚焦！砍产品、砍品牌、砍市场、砍客户，甚至砍业务、砍企业。扔掉包袱，轻装上阵。

很多企业都有打造大单品的强烈需求，却不愿动刀子，或者前面砍掉后面又偷偷捡回来了，因为扛不住一时的掉量。这样做，怎么可能打造出大单品？

大单品苗子

刚刚创立的企业，如果想做几个品类，就要在痛点调研的基础上进行论证，哪个单品可以作为大单品苗子？最好从一个单品做起。同时推出多个品类、多个产品，好像容易上量一些，但很快就会遇到瓶颈。

在现有产品中筛选大单品苗子的标准如下所述。

（1）符合痛点竞争策略。

（2）是客户心智中较为强势的单品，或占领了高级痛点但短期内没有做起来的单品。

（3）有能力把这个单品做成大单品。

如果现有产品中筛选不出大单品苗子，怎么办？

（1）对现有某个单品进行升级或换代。

（2）对现有某个单品重新定位。

（3）开发一个新单品。

确定单品以后，其余产品怎么办？

（1）如果够坚决，就把其他品类全部砍掉。

（2）如果因为市场需要或其他原因（比如固定资产投资很大）实在不能砍光其他产品，就先把那些弱势产品砍掉。立即停止生产弱势产品，把标签、包装物、产品资料一把火烧掉。保留一定销量的中势产品作为过渡，大单品成功后再砍掉中势产品，或者从中选定第二个大单品苗子。

两个字——要狠。

砍产品很可能会造成企业短期销量下滑。很多企业下不了狠心，或者不痛不痒地砍那么几个，对于新品类也是抱着试试看的态度，资源配置极其有限，结果新品类做不起来，一切又回到了原点。这种心态叫“存量绑架”。

一个企业到底需要做多少品类

只做一个单品会让客户认为你是专家，专家代表着“质量好”，比通才强。专家型品牌更容易成为第一品牌。大部分企业都适合只做一个品类、做专业选手。

有的企业只做一个品类是不行的，那就主推一个最能够支撑品牌的品类，有主有次，资源倾斜。

1. 什么情况下可以多做几个品类

（1）成功的品牌复制并“封杀”有威胁的单品时。

（2）客户有成套购买习惯时，可以聚焦一个品类，附带另几个品类。比如，生产油烟机的企业可以同时生产燃气灶、消毒柜；生产被罩的企业可以同时生产床单、枕套。

（3）成为细分市场第一品牌时，可以在这个细分市场推出第二个品类。

2. 什么情况下必须多做几个品类

（1）品类的生命周期到了衰退期，必须再做一个品类，与原有品类并行。

（2）聚焦某个大品类的中间商，如线上和线下的电器卖场、运动用品卖场、图书卖场，必须在所聚焦的大品类中多做下一层的品类、产品，品种齐全，方便客户，实现规模采购。

中国企业有两大乱象，一是贪大（销量规模）；二是贪快，就是不贪强（营利能力）。品牌、品类、产品越做越多，“蜗牛背着那重重的壳呀，一步一步地往上爬”。为什么不做减法？

向下延伸产品

在同一个品类中，有一个产品成为大单品后，是可以进行产品延伸的，形成系列。延伸的方向有两种，一是向下，一是向上。

向下延伸就是大单品是高档的，新产品是中档或低档的；或者大单品是中档的，新产品是低档的。向下延伸是顺流而下，容易成功，客户会认为那么高档的产品都做得好，中低档产品一定不在话下。

1997年6月，上海通用成立。

1998年12月，别克新世纪下线，排量3.0升，定价36.9万元，是当时国内市场外形最大的轿车，正中国人下怀。

2000年12月，赛欧下线，排量1.6升，定价6.88万元至11.88万元（赛欧2005年划归雪佛兰）。

2002年12月，君威（由新世纪改款而来），排量2.0升、

2.5升、3.0升，定价18.98万元至33.80万元 。

2003年4月，凯越，排量1.6升、1.8升，定价10.38万元至16.58万元。

2004年12月，荣御，排量2.8升、3.6升，定价36.80万元至49.80万元。

2006年2月，君越，排量2.4升、3.0升，定价21.98万元至32.98万元。

1998年的36.9万元是很值钱的，那么大的车，虽然很多人喜欢，但买得起的人不多。为什么要先花两年时间推这款高档轿车，而不是先推大家买得起的赛欧呢？原来，上海通用是用新世纪来彰显实力、打品牌的，给目标客户这样的第一印象——上海通用是做高级车的，别克是高级品牌！很多买不起新世纪的人就在想，有没有便宜一点的呢？两年后，便宜的赛欧来了，大卖，虽然只是中低档车，却丝毫没有影响别克的高级品牌印象。新世纪（高档)—赛欧（低档)—君威（中档)—凯越（低档)—荣御（高档)—君越（中档）……上海通用的发展节奏是波浪形的，它小心翼翼地维持着自己的品牌印象。

向上延伸产品

向上延伸就是大单品是低档的，新产品是中档或高档的；或者大单品是中档的，新产品是高档的。向上延伸是逆流而上，难度很大，因为客户很难相信一个做中低档产品的企业能做高档产品。还是拿汽车来举例子。

2016年10月21日，在北京车展前的大众之夜上，上汽大众的中大型车“辉昂”首发，共8款配置，指导价34.90万元至65.90万元。有着奥迪A6L的配置，悬挂和奥迪A6L是同一个平台，堪称小辉腾。但上市3个月销量不到3000台，价格跌破30万元，惨不忍睹。为什么会这样？

1936年，德国政府下令生产便宜的汽车，要像美国一样，每个职工都要有一辆汽车，于是次年成立了大众汽车公司。

1985年，上海大众成立，推出的第一款车是普通桑塔纳（普桑）。1991年，一汽大众成立，推出的第一款车是捷达A2。大众在中国市场都是从低档车做起，这是留给人们的第一印象，也为以后推出高档车造成了认知障碍。

你永远没有第二次机会给人第一印象。改变别人对你的第一印象，多么艰难！

很多企业开发一款产品，或新进一个市场，总喜欢先做低档产品，认为价格低，可以迅速提高市场份额。实际上这是一种短期行为，非常不利于打造高端品牌。如果你希望做高档品牌，就要先做高档品类。

第 2 章　品牌策略

品牌策略旨在提升品牌占领客户心智的能力（品牌力），包括品牌使用、品牌命名、品牌语言和品牌符号四个三级策略。

第1节　品牌使用策略

品牌使用策略的关键点：一个品牌只代表一个品类。

品牌就是品类的符号和口碑

每个企业都知道打造品牌的重要性，只是很多企业不清楚如何高效地打造品牌。

科特勒在《市场营销学》中说，“品牌是销售者向购买者长期提供的一组特定的特点、利益和服务。”还有人说，“品牌是消费者对产品及产品系列的认知程度”“品牌是制造商或经销商加在商品上的标志，它由名称、名词、符号、象征、设计或它们的组合构成”。

据说，“品牌”这个词来源于古斯堪的那维亚语brandr，意思是“燃烧”，指的是生产者燃烧印章烙印到产品上。老王卖牛，老李也卖牛，怎么让客户识别两家的牛呢？于是老王在牛身上烙了一个“王”字，老李在牛身上烙了一个“李”字，这就有了品牌名。但是有好几个姓王的都在同一个市场上卖牛，怎么办？于是，大老王在“王”字边上画上一个圈，小老王在“王”字边上画上一个勾，这就有了品牌标志。可见，品牌的基本作用是方便客户识别、记忆和传播产品。

品牌，品类的牌子。站在品牌所有人的角度来看，品牌是一个符号系统，至少包括品类名、品牌名、品牌标志（LOGO）、广告语、产品外形、包装和颜色。一个品牌的符号系统具体应该包含哪些，根据需要而定。

在人类历史上，先有符号，后有文字。符号对人的控制力度远远大于文字，看到女性图标就知道是女厕所，看到绿色听筒就知道是接听键，看到你的品牌符号就会购买。

人的五个感觉器官（眼、耳、鼻、舌和身）通过感觉（视觉、听觉、嗅觉、味觉和触觉）与外界发生联系，包括认知品牌。“金色拱门”是麦当劳快餐店的视觉符号；“怕上火喝王老吉”的广告语声音是王老吉凉茶的听觉符号；“臭”是黄山臭鳜鱼的嗅觉符号；“甜”是农夫山泉矿泉水的味觉符号；“冰凉”是玉石的触觉符号。

很显然，有效的符号系统可以降低客户对品牌的识别、记忆和传播成本，进而降低品牌的打造成本。

尽量用超级符号。超级符号是人们原本就熟悉和喜欢的符号，找到合适的，拿来用就是了。华杉、华楠在《超级符号就是超级创意》中说，“（超级符号的）指称最强势、最明确；浓缩信息量最大、最强、最准确；行为意志力最强，对人的行为影响力最强，且影响的人最多。”举个例子就明白了，红色信号灯就是一个超级符号，指称“停车”，浓缩了“红灯停”的信息，人们一看到红色信号灯就踩刹车。如果把它换成一个“停”字，你想想效果会怎样？

阿里巴巴、瓜子、三只松鼠、隔壁王老五、歌曲《东方红》、乔布斯……都是超级符号。

本书也有一个超级符号，是什么？对了，“315”。

很多品牌的符号系统是无指称的、复杂的、混乱的、丑陋的，反而给客户增加了记忆难度。人们为什么要费那个劲记住你呢？

劳拉·里斯说："'定位'是一个语言概念，是钉子，将定位这根钉子钉入客户心智的工具就是视觉锤。"这指出了定位的文字符号与视觉符号（产品本身、产品外形、包装、标志、颜色、创始人）之间的关系，提出要用视觉符号把文字符号锤进客户心智。

前提是，文字符号要与视觉符号相关联，而且关联一定要是即时的，不需要思考的。无法转化为视觉的文字是弱力的。比如，要把文字"健康、舒适的鞋子"改为"会呼吸的鞋子"，才能够视觉化，有画面感。

为什么视觉符号比文字符号重要？因为眼睛是人的第一感官，而且视觉符号具有强烈的情感力量，文字符号的情感力量较小或者没有。具有情感力量的事物容易被记忆很久，比如60多岁的人还记得小时候的一件伤心事。

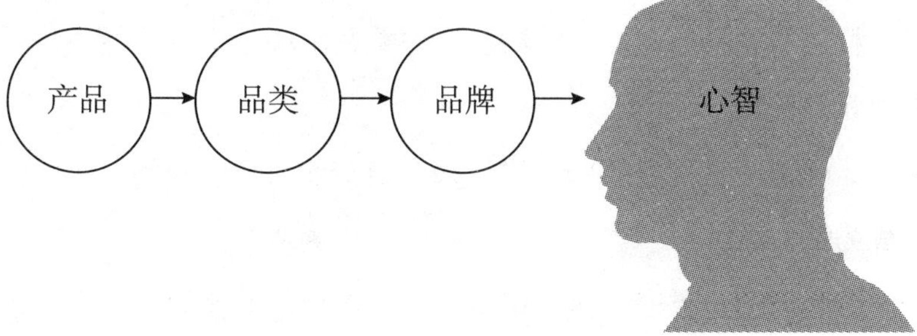

品类是产品的归类，品牌是品类的代表。产品、品类、品牌，谁离客户心智最近？是品牌。所以说，企业要从卖产品提升到卖品牌。

站在品牌所有人的角度来看，品牌是一个符号系统。站在客户的角度来看呢？品牌是客户口碑。通过符号系统，客户识别、记忆了品牌，购买和使用产品形成口碑，有了好的口碑客户才会重复购买并传播（转介绍）。

所以，设计完符号系统之后，打造品牌的任务只有一个：形成口碑。不成功的品牌只是商标。

对品牌的这些看法都是错误的

我超越不了那些大品牌。错！那是你没有找到有效的方法。

打造品牌就是靠广告。错！广告重在解决知名度，解决信任度要靠公关。

品牌是一套好看的VI。错！很多请专业公司设计的品牌并没有成为第一品牌。

品牌靠的是点子。错！很多靠点子做起来的品牌现在已经没影子了。

中小企业做不了品牌。错! 绝大多数大企业一开始都是小企业。

等销量和利润上来了再来做品牌。错！没有品牌哪来的销量和利润?

销量上去了，品牌就起来了。错！如果销量是靠降价、折扣和惠赠等促销得来的，客户只是觉得占了便宜，不会把你的品牌放在心上。

打造品牌要花好多钱。错！1985年张瑞敏怒砸76台冰箱成就了海尔，当时是800元一台，总共也就6万元。小米手机1一分钱广告都没打。

打造品牌需要很长时间。错！脑白金、加多宝都只用1年就做到全国第一。

产品一定要高大上。错！可口可乐原来只是治疗头痛的药水。

产品同质化无法打造品牌。错！产品同质化是因为没有定位或定位不准。世界上没有两片相同的叶子。

品牌有国界。错! 品牌属于全人类，“民族品牌”只是个幌子。

商标注册了，品牌得奖了，就有品牌了。错！没在客户心智中完成注册，等于零。

品牌的五种错误用法

1. 品牌延伸

把品牌用于同一品类不同档次的产品、其他品类甚至不同的业务，号称“大品牌战略”。

企业使用品牌延伸策略的理由是，很多大企业都在品牌延伸；不延伸的话品牌价值就浪费了；可以节省推广费用；可以更快地占领市场；新品牌没有知名度；客户对新品牌不信任……

品牌是客户心智中某一品类的代表，一旦扎了根，就很难用这个品牌接受一个差别很大的新品类，更别说不同的业务了。品牌延伸带来的恶果就是稀释品牌印象、降低品牌价值。你付出成本把客户心智中原来的品牌印象抹去，是不可理喻的事，是自毁品牌。

品牌延伸的错误根源是以企业为竞争单元，应该是以品牌为竞争单元。今天的现代、三菱和松下等都是品牌延伸的受害者，大而不强——销售额较大但利润率较低。它们感到很头痛，是因为它们先让客户头痛了。

只有少数企业觉醒了，比如乐百氏，以前将乐百氏品牌延伸到矿物质水、蒸馏水、茶饮料、果汁、牛奶，全部失败，后来开发了一个饮料品类，启用新品牌“脉动”，成功了。

2. 品牌兄弟

几个品牌名相近，像兄弟关系，五粮液、五粮醇、五粮春、五娘神，这样做只会稀释品牌印象。五粮液现在是什么？

3. 副品牌

品牌名+品牌名，也叫“子品牌”“大品牌”，像父子关系，如别克君越、别克君威、别克英朗、别克昂科雷、别克昂科拉、别克GL8。本质还是品牌延伸。别克到底是什么？

4. 品牌连珠炮

在一个品牌还没有成为第一品牌的时候，就推出第二、第三品牌，最终的结果是一大堆品牌半成品。

5. 重复品牌

同时推出多个品牌，甚至产品都是一样的，只是换了外观或包装，目的是用不同的品牌在同一个市场销售，尽可能多地铺货，这是投机，不可能成功。

不同的品类要用不同的品牌

一个品牌代表一个品类，一个品类占领一个痛点，品牌、品类、痛点是三点一线的关系。品牌的力量与它所代表的品类数量成反比。

痛点越细分（但要有足够的现实和潜在市场容量），品类就越细分；品类越细分，品牌就越专家。证监会、投资者、中间商和客户都欢迎专家品牌。一个品牌代表两个以上品类，客户会说“啥都做、不专业”，显然，这种品牌竞争不过专家品牌。

一个企业如果有五个品类，就应该有五个品牌，把五个品牌都打造成专家品牌。这个企业的品牌结构就是“多品牌+专家品牌”。

升级、换代的品类沿用老品牌。但如果老品牌的市场声誉不好（比如出现过严重的质量问题并且市场影响一时难以消除），就要启用新品牌。改造一个旧世界不如打造一个新世界。不要救品牌，要救企业，品牌不行了可以再来。

新品类一定要用新品牌，不要搞什么品牌延伸、品牌兄弟和副品牌。

蒙牛，开发高档牛奶品类，启用新品牌“特伦苏”。

娃哈哈，开发果汁加牛奶品类，启用新品牌“营养快线”。

丰田，开发高档轿车品类，启用新品牌“雷克萨斯”。

无形产品（服务）可以用企业简称作为品牌名，如贸易、批发、零售、运输、仓储、邮政、住宿、餐饮、电信、互联网、软件、银行、保险、证券、信托、物业、建筑工程、租赁、修理、教育、卫生、文化、体育、娱乐、广播、电视、电影、出版、咨询和培训，还有代工。也可以另起品牌名，比如阿里巴巴公司的天猫、淘宝、聚划算等品牌；前海手绘公司的来画品牌。

乔布斯在苹果公司的内部培训上曾提出以下观点。

（1）营销，谈的是价值。

（2）我们必须很清楚地传达想要消费者记住的东西，而最重要的，就是品牌的核心价值。

（3）品牌卖的不是产品规格，不是你跟对手比有多好，而是核心价值，例如，Nike卖的是鞋，但从来不在广告中提到产品规格，而是推崇伟大的运动员。

（4）要找出品牌的核心价值，先得知道你的品牌是什么？代表什么？占有什么位置？

第2节　品牌命名策略

品牌命名策略的关键点：具象的、独特的。

品牌名最好是具象的

品牌名要好听吗？好听更好，但好听不是第一评价标准。

品牌名首先要具象，让人在心智中产生画面，便于记忆。具象的传播力比抽象的传播力大得多。符号系统，视觉第一。

拿服装品牌来说，花花公子、报喜鸟、富贵鸟、蓝豹、七匹狼、才子、啄木鸟、金盾、卡帝乐鳄鱼、稻草人、吉普、战地吉普、红豆、鹿头、黑先生、苹果、袋鼠、丽都飞燕、南极人、骑白马、现代男孩、柒鲨、孤独的鱼、雪貂、囚牛、北方虎、南方虎、加州狼、沙舟骆驼、赤鳄、安东头狼、右姑娘、米乐猴、虎皮猫、淘趣虎、悍宝烟斗、宫奴、乔丹、狼痕、菲斯鱼、伊梦蝶、千骑士、七彩街头、农夫棉、衣与草、红衣主角、候七爷、梵克公牛、星湖、木笛、布衣口袋、百变公主、火的战车、巨道、夜来风、舞女郎、王者猎豹是具象的。爱登堡、第三种爱情、凡客诚品、海澜之家、恒源祥、爱过、金利来、浪古、罗蒙、杉杉、森马、兄弟宣言、约等于、雅戈尔……是抽象的。

品牌名是产品信息和心智之间的第一触点。决定产品信息有效与否的，不是品牌名在审美意义上的好与坏，而是起得合不合适。如果品牌名不合适就果断地换一个。一个坏名字不管用了多少年也不会变成好名字。坏名字不会产生好认知。

品牌名要独特

品牌名“中华”不独特，它用在了香烟、牙膏、自行车、铅笔、轿车、油漆、啤酒等品类上。“黄山”用在了香烟、酒、电视机、钻床、仪表、安全帽、茶叶、钢丝刷等品类上。

品牌名不要与其他品牌名雷同，并且最好能够让客户联想到品类的某种特征。

“喜之郎”品牌名让人感觉有点日本味，而果冻就是日本人发明的。

你以为这些瓷砖品牌都是欧洲的吗？其实，“马可波罗”“蒙娜丽莎”的产地是佛山，“诺贝尔”的产地是浙江。

但是也不能独特得过分，比如品牌名读起来拗口或者使用了很多人不认识的生僻字，这都会影响品牌的记忆和传播。

宝马进入中国市场时，译作“巴依尔”，改为“宝马”后才热起来。

1927年，Coca-Cola进入中国，译作“蝌蚪啃蜡”，销售不畅，后改名为“可口可乐”。

有种实木脚盆的品牌名叫“米南裕舍”，很雅致，但离产品远了，而且拗口，不便于记忆和传播，就叫“米南”行不行?

“鼎鑫”，笔画太多了。

品牌名不能过长。“琴岛—利勃海尔”后来改为“琴岛海尔”，最后改为“海尔”。中文名称最好控制在三个字以内，否则难以记忆。

英文品牌名不能是汉语拼音

如果产品想打入国际市场，就要有一个很好的英文名，通常是英文名与中文名同时使用。比如“CIMC中集”“Lenovo联想”“HAVAL哈弗”“Maxonic万讯”“Midea美的”“GREE格力”“AOPO奥珀”。但很多企业的英文品牌名是汉语拼音，这很要命，因为外国人不会读。

前途电动跑车的车标是一只蜻蜓，非常好看。中文品牌名为“前途”，与车标的关联度很低，建议改为“蜻蜓”，让人联想到这款电动跑车开起来像蜻蜓一样轻盈。就算中文品牌名叫“前途”，英文品牌名也不能用拼音“QIANTU”，因为外国人不认识汉语拼音。既然中文品牌名改为“蜻蜓”，英文品牌名当然是“dragonfly”了。

第3节　品牌语言策略

品牌语言策略的关键点：充分表达购买理由。

列出BEAF（买点清单）

企业要为客户设计购买理由，并传递给他们，引导客户做出购买决定。

购买理由简称“买点”。

痛点的反义词语是最强力的买点，因为是直击痛点的解决方案。买点最好是与竞品的比较优势，而不是单方面考虑自己的优点。一个产品可以设计很多买点（买点清单），但某个客户或许只需要少数甚至一个买点就够了。

“卖点”是推销思维，是站在卖方的角度，不是营销思维，所以企业不要用这个词语。

设计产品的买点有一个很好的工具,叫“BEAF”,读作“币夫”。

台湾中兴大学商学院院长郭昆漠创立了FABE概念，F指产品特征（Features），A指使用功效（Advantages）， B指客户利益（Benefits），E指实际证据（Evidence）。按F-A-B-E的顺序就是“因为我这个产品有某某特征，从而产生怎么样的使用功效，对你而言有什么样的利益，不信你问隔壁王老五”。FABE是从产品出发，把产品推销给客户。

客户不会首先对产品感兴趣，而是对产品能够给他带来的利益感兴趣。客户不会为产品买单，只会为它的利益买单。所以，应该是BEAF，把B放在最前面说。

B：客户会获得哪些好处?

E：不信？你看这些事实。

A：为什么会获得这些利益，是因为会产生这些效果。

F：为什么会产生这些效果，是因为产品有这些特征（品类创新点）。

四类痛点、四类品类定位、品类创新，最终都集中体现在这个买点清单里，转化为营销语言。

BEAF是研发产品的理念、熟悉产品的工具、介绍产品的话术。

当品类占领了一个痛点、有了精准的定位时，BEAF的每一条都是关于如何解决痛点的解释，说服力非常集中、强大。

无锡正大加肥宝的品类定位是“快速增重功能包”，买点如下所述。

B：每头多赚100元。

E：多个养殖试验数据；示范户养殖数据。

A：采食量平均提高10%；日增重平均提高15%；料肉比降低10%；平均提前7天出栏。

F：配方技术为三合一复配；工艺技术为纳米工艺；成分含有马齿苋、女贞子等植物提取物。

江小白的买点。

B：体现文艺范。

A：好喝。

F：单一原料、轻口味酒体、语录瓶、小包装。

我在很多客户那里请营销人员说出产品的买点清单，结果都让我大失所望。对于同一个产品，每个人说的都不一样，这就要命了。说不清产品的买点清单，怎么能说动客户？大家传播出去的产品信息不一致，如何形成品牌印象？要把每个产品的买点清单梳理出来，书面化，每个营销人员都要背熟。

卖方的宣传都是广告

“广告语”这个词很容易让人以为一定是在商业广告媒介（收取广告费的电视、报刊、网络、招牌等）打广告才用得上。

实际上，在客户看来，卖方的所有宣传都是广告。所以，广告语除了用于商业广告媒介以外，还可以用在外包装、卖场、会场、企业画册、产品资料、名片、信封、邮件、QQ和微信签名、企业建筑物、客户接待室、展厅、企业礼品、微信公众号、网店详情页、广告衫、墙面等不收取广告费的媒介和场合。

既然卖方的宣传都是广告，那就要认真做好，传递统一的信息。

广告语的要求

20世纪50年代初期，美国广告人罗瑟·里夫斯提出了USP理论（Unique Selling Proposition，独特的销售主张），USP包括三个方面：①强调产品具体的特殊功效和利益，每个广告都必须对消费者有一个销售的主张；②这种特殊性是竞争对手无法提出的；③有强劲的销售力，这一项主张必须很强，足以影响成百万的社会公众。USP理论说的就是广告语。

已经有了买点清单，为什么还要广告语？因为在你不知道客户在哪里的时候，你没有机会把买点清单说给他听，就需要从买点清单中提炼出一句广告语，利用所有的媒介、机会向外传达。这么说，广告语相当于买点清单的标题。

广告语就是用一句话打动客户，向他发出召唤，让他产生购买欲望，让他主动找你。

广告语不是追求好听，而是追求有用。评价广告语是否有效有三档标准。

（1）他记住了，60分。

（2）他想买，80分。

（3）他买了，100分。

60分以下的广告语，再怎么高大上都是不及格的，都是废话。

所以，对广告语的要求如下。

（1）充分表达买点（购买理由）。要直接，不要绕弯子。不要让人思考、让人猜，最好包含品牌名。

（2）用客户习惯的语言。

（3）容易记忆和传播。

迈腾的平面广告的广告语是“领·创 如你”。你看懂是什么意思了吗？下面有几行小字，第一行是“自动识别车道线，领创科技为你稳定护航”。可惜了这个买点。如果是陈述句，就表述为“自动避开车道线，让你不再挨罚款”；如果是行动句，就表述为“担心压线，就开迈腾”。

某品牌的广告语是“美好生活”。凡是与生活有关的产品都能用这个广告语，所以这是个无效广告，因为太宽泛，而且购买理由无力。

创维OLED的广告语是“高端电视之臻选”。“高端”体现在哪里？能带来什么利益？消费者会说“臻选”这个词语吗？

某美容医院的广告语是“想祛什么斑，您做主”，这不是废话吗？难道我祛斑要别人做主？

友睦口腔的广告语是“友睦，你的世界牙医”，什么是世界牙医？

黄山饮用天然水的广告语是“来自黄山深层岩”，等于是给客户出了一道思考题“来自黄山深层岩的天然水有什么好处呢？”无法引发购买欲望。

微信支付的广告语是“助力数字中国”，这关我啥事？下面还有一句“智慧生活正当时”，啥叫智慧生活？

腾讯云的广告语是“腾讯云视频AI技术，助力央视影音，打造高清足球直播体验”，实际上，把话说明白会更好。

三雄极光的广告语是“悦享高端照明”，消费者会说“悦享”这个词语吗？“高端照明”是什么？

中兴的广告语是“乘风破浪，勇往直前”，没有明确指明产品。

荣泰按摩椅的广告语是“点靓未来，坐回自己”，是广告张靓颖的歌还是按摩椅？广告传达的信息是含糊的。

深圳机场国内到达大厅外面可以看到仁豪居品的广告。

“居品”是什么？客户会说我要买“居品”吗？显然，“居品”不是客户心智中的品类。广告语“绿色生活，有态度的呼吸”是什么意思？对面还有一幅这个品牌的广告，内容是“人性化设计，与生命的融合”，这又是什么意思？为什么要同时用两条广告语？想说明什么？

小狗吸尘器的广告语是“吸尘器，选小狗”，购买理由是什么？

东风风神AX4的广告语是“专为泛90后打造，东风风神AX4炫潮来袭”“泛90后”是啥年纪？有人说“我是泛90后”吗？“炫潮”是什么意思？“来袭”是要袭击谁？

某企业生产办公家具，推出了一个品类叫“时尚中式纯原木办公家具”，启用了新品牌，广告语“天下于心”，非常高大上，但这是购买理由吗？

无效的广告每天都在产生，钱都白花了。

广告语一经确定就不能随意更换，长期地、频繁地刺激客户，客户对品牌的印象才会深刻。

一个品牌同一时期只能有一句广告语，不能同时出现多条广告语，否则会让客户失去关注焦点！

然而，随意更换广告语、同时出现多条广告语，是企业的通病。

四类广告语

根据BEAF（买点清单），广告语包括四种。

广告语要用陈述句或行动句。行动句的句式是“痛点+解决方案”，比较容易直接激发人们的购买行动。下面的例子中，我把行动句标识出来，就容易理解了。

请你给下列广告语打分。

1. 客户利益类广告语

可口可乐（饮料品牌）——激情在此燃烧。

孔府家酒（白酒品牌）——孔府家酒，叫人想家。

南方（食品品牌）——一股浓香，一缕温暖。

养生堂（保健品品牌）——献给父母的爱。

太子龙（男装品牌）——自信，自然出色。

宝马（汽车品牌）——坐奔驰，开宝马。

碧桂园（产品房品牌）——给你一个五星级的家。

宝丽莱（相机品牌）——就是这么简单。

斯载拉（饭店品牌）——除了人情味，这里没有丝毫旧的东西。

OLAY（化妆品品牌）——OLAY，让你年轻十岁。

娃哈哈（饮料品牌）——喝了娃哈哈，吃饭就是香。

凯歌（洗衣机品牌）——她工作，您休息。

太太（保健品品牌）——每天送你一位新太太。

三菱（电梯品牌）——上上下下的享受。

美的（空调品牌）——原来生活可以更美的。

极草5X（保健品品牌）——冬虫夏草可以含着吃。

三棵树（油漆品牌）——三棵树健康漆，天天鲜呼吸。

十八岁（保健品品牌）——年年十八岁。

麦当劳（快餐品牌）——更多欢乐，更多选择。

凯尔爱思（老花镜品牌）——看远看近一副搞定。

暴风（电视机品牌）——暴风AI电视7，干掉了遥控器。

毕斯罗（花洒品牌）——洗澡水压小？费时费水？全新

升级增压花洒，300孔增压大出水，洗澡就是爽！

钱大妈（菜店品牌）——不卖隔夜肉。

阿里巴巴（网上交易平台品牌）——让天下没有难做的生意。

吉利（汽车品牌）——造老百姓买得起的好车。

沃尔玛（超市品牌）——天天平价。

2. 实际证据类广告语

丰田（汽车品牌）——车到山前必有路，有路必有丰田车。

香飘飘（饮料品牌）——杯装奶茶开创者，连续六年销量领先。一年卖出七亿多杯，杯子连起来可绕地球两圈。

加多宝（饮料品牌）——全国销量领先的红罐凉茶，改名加多宝，还是原来的配方，还是熟悉的味道。

理光（复印机品牌）——我们领先，他人仿效。

雪佛兰（汽车品牌）——征程百年，雪佛兰历史弥坚。

方太（洗碗机品牌）——水槽洗碗机原创发明者。

格力（空调品牌）——好空调，格力造。

3. 使用功效类广告语

柠檬精（感冒药品牌）——伤风感冒，速服柠檬精（行动句）。

王老吉（凉茶品牌）——怕上火，喝王老吉（行动句）。

海飞丝（洗发水品牌）——头屑去无踪，秀发更出众。

飘柔（洗发水品牌）——飘柔，就是这么自信。

蓝天六必治（牙膏品牌）——牙好，胃口就好，身体倍儿棒，吃嘛嘛香。

佳洁士（牙膏品牌）——看，妈妈，没有蛀牙。

大宝（护肤品品牌）——要想皮肤好，早晚用大宝（行动句）。

汇仁（保健品品牌）——汇仁肾宝，他好我也好。

丰韵丹（保健品品牌）——没什么大不了的。

金嗓子（保健品品牌）——保护嗓子，请用金嗓子喉宝（行动句）。

统一（润滑油品牌）——多一些润滑，少一些摩擦。

银得菲（药品品牌）——治感冒，快，银得菲（行动句）。

芭田（化肥品牌）——芭田好肥料，速效加长效。

方太（油烟机品牌）——四面八方不跑烟。

4. 产品特征类广告语

农夫山泉（纯净水品牌）——农夫山泉有点甜。

乐百氏（纯净水品牌）——27层净化。

海尔（电热水器品牌）——防电墙。

德芙（巧克力品牌）——德芙巧克力，丝般柔软。

金利来（男装品牌）——金利来，男人的世界。

《新快报》（媒体品牌）——非一般的快。

金龟子（汽车品牌）——该车外形一直维持不变，所以外形上很丑陋，但其性能一直在改良。

嘉士伯（啤酒品牌）——嘉士伯，可能是世界上最好的啤酒。

波导（手机品牌）——波导手机，手机中的战斗机。

厦工（工程机械品牌）——移山填海，厦工气派。

DELL（电脑品牌）——美国货，本土价。

好迪（日化品牌）——大家好才是真的好，广州好迪。

雀巢（咖啡品牌）——味道好极了。

老板（油烟机品牌）——大吸力。

第4节　品牌符号策略

品牌符号策略的关键点：让人一眼就记住。

产品最好有独特的外形

有些产品可以在外形上下下功夫，长期保持一种与众不同的风格，让人一看就知道是什么品牌的产品。

宝马汽车——前脸的双肾进气格栅。

劳斯莱斯——前脸的金色钟顶形进气格栅。

救生圈薄荷糖——中间的孔。

iPhone手机——圆边角。

注意，已经在客户心智中产生强烈认知的外形不要轻易更改。试想一下，如果有一天宝马把“双肾”换掉了，你的感觉会如何？

把包装当广告载体来用

包装是产品的衣服。人靠衣装，产品靠包装。包装是为了获得陈列优势，无论是线下还是线上。

包装是免费的广告载体，广告到达率非常高，可惜很多企业没有意识到。

如果你的痛点竞争策略是跟随，包装可以与竞品相同或相近，否则你的包装就要与其他品牌坚决不同。

可口可乐——曲线瓶传达了“正宗”。

蓝色经典白酒——蓝色的瓶子。

厨邦调味品——绿格子。

标志要简洁，最好是具象的

（1）品牌名才是主角。要把品牌名设计进去，甚至只要品牌名，不要图形。也许有人会说，奔驰的标志就没有品牌名啊。奔驰早期的标志中是有品牌名的，后来才简化为没有文字的三叉星。哪一天你的品牌成功了，也可以把品牌名从标志中去掉。

（2）标志一定要简洁。让人一眼就记得住，也便于制作。

（3）具象的、单色的。标志的图案不需要牵强附会地象征这个、代表那个，搞什么“释义”，甚至搞起了风水，它只是一个让客户识别、记忆的符号，客户不会去追究它代表什么意思。

（4）最好与品牌名、品类定位相关。

怪兽的标志——爪印图案传达了“力量和危险”。

三只松鼠的标志——三只卡通松鼠和“三只松鼠”的文字传达了“坚果”。

祝富豆制品的标志——“祝富”用了篆体字，很多人不认识，应该改为简体。

江小白的标志——标志+卡通男青年，传达了“文艺范”。

颜色要差异化

人们对颜色特别敏感，因此，品牌要有自己的颜色。

最佳的颜色是能够象征这个品类的颜色。

颜色必须与竞品不同，色差越大越好。最好是单一色，尽量不要多种颜色。

定位经典丛书——一律是暗红色封面。

某成套设备——一律是明黄色。

麦当劳——金色。

星巴克——绿色。

苹果耳机——白色。

可口可乐——红色；百事可乐——蓝色。

柯达——黄色；富士——绿色。

加多宝——一开始也是红罐，后来换成了金罐。

ofo单车——黄色（2017年更名为“小黄车”，因为用户这样叫它）；摩拜单车——橙色。

ThinkPad——黑色（用户亲切地称它“小黑”）。

著名创始人是超级符号

肯德基的哈兰德·桑德斯上校，苹果的乔布斯，腾讯的马化腾，阿里巴巴的马云，华为的任正非，小米的雷军，长城的魏建军……这些都是人们熟悉并喜欢的企业创始人，他们的代言力量远远超过明星。

贡献卓越的技术负责人也可以打造成超级符号。

某企业生产一款时尚产品，去意大利注册了一个商标，编了一个故事，说这个产品的技术是一个意大利科学家60年前发明的。我对他说，“这个品牌故事不适合你，你的产品是时尚产品，不能用经典，因为两者是背离的。”我了解到，这个技术实际上是他们公司的一个技术负责人辛辛苦苦研究了15年才搞出来的，有很多感人的故事。这么好的题材，为什么不透露给媒体呢？这样做很容易形成公关效应，而且不用花钱。

第3章　交易策略

交易策略旨在提升交易达成客户满意的能力（交易力），包括市场、渠道、价格、推广、服务和促销6个三级策略。

第1节　市场策略

市场策略的关键点：先做出成功案例。

明确销售目的

一个产品在某个时段、某个市场上，先要什么？

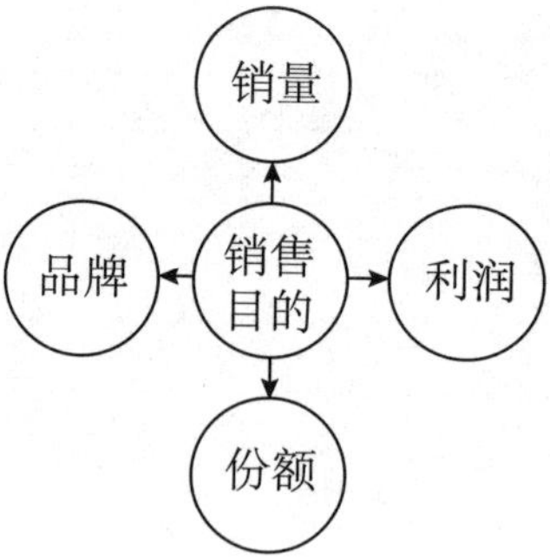

如果先要销量，可能会大力促销（影响利润）、扩大市场范围（影响份额）、主推低端产品（影响品牌）。

如果先要利润，可能会放弃利润低的客户和产品（影响销量）、销量降低（影响份额和品牌）。

如果先要份额，可能会缩小市场范围（影响销量）、大力促销（影响利润）、主推低端产品（影响品牌）。

如果先要品牌，可能会主推高档产品（影响销量）、牺牲销量（影响利润和份额）。

显然，只有占领一级痛点、颠覆性创新的新产品，才可以同时四者兼得。

某企业的新品类占领了一级痛点，产品包括两个系列，一个高档产品，价格是全国最高的；一个次高档产品，价格处于主流价格带。种子市场选择在某省的南部地区，因为这里是使用该类产品的客户密集区，也是公司的门户市场。但是先推高档产品还是先推次高档产品，出现了不同意见。企业有人认为，应该先推次高档产品，因为价格亲民，销量上得快一些。咨询顾问坚持先推高档产品，先推半年，做出一批成功案例，让客户形成高档产品的品牌印象，然后再推次高档产品，销量会上得更快。企业接受了咨询顾问的建议，两年后，该品牌成为种子市场的第一品牌。

选定有能力做成功的目标市场

提供同类产品的企业构成行业，购买同类产品的客户构成市场。

你的品类已经占领一个痛点，那么，具有这个痛点的客户就构成你的目标市场。

如果目标市场太大就需要细分。如果细分一层还是太大，就继续细分，直到得出你能够胜任的目标市场。饭要一口一口地吃，一口吃不出大胖子。

细分的变量如下所述。

1. 目的

按照客户购买产品的目的或用途进行细分。可以得出消费者市场（为了个人和家庭消费而购买产品的人们，产品属于消费品）、生产者市场（为了生产、取得利润而购买产品的人们和企业，产品属于生产资料）、经销商市场（为了转卖、取得利润而购买产品的批发商、零售商）、政府市场（为了履行政府职责而购买产品的各级各类政府采购部门）。

2. 行业

按照客户所在的行业进行细分。可以查看GB/T 4754—2017《国民经济行业分类》。

3. 地理

按照客户所在的地理位置来细分，如广东市场、华北市场，中国市场、国际市场，农村市场、城市市场。地理细分特别有利于打造区域龙头，俗称“地头蛇”。很多时候，“强龙”确实斗不过“地头蛇”。

4. 人口

按照人口统计变量（年龄、性别、收入、职业、教育水平、家庭规模、家庭生命周期阶段、宗教、种族、国籍等）来细分，市场可分为婴儿市场、儿童市场、青年人市场、老年人市场、女性市场、男性市场，中产家庭市场、单亲家庭市场，白领市场、蓝领市场、农民工市场、知识分子市场、外籍人士市场。

5. 规模

根据客户的销量、市场份额、营业收入等指标来细分，客户可分为超大、大、中、小、微五个等级。

企业要从三个方面对目标市场进行评估。

（1）目标市场的容量和成长性。

（2）目标市场的结构吸引力，包括竞争品牌、产品替代、客户购买力等。

（3）本公司的长期目标和资源。

在同一时期，还可以根据需要将目标市场分为重点市场和一般市场，将主要资源投入重点市场。

咨询顾问为一家蜂产品企业提供的市场布局建议如下。

（1）重点以长江以南地区（包括湖南、湖北、广东、福建、浙江、上海）作为营业额提升的地区，这些地区经济比较发达，且蜂产品在当地较被认可。尤其是广东市场（如广州、佛山等地）需求旺盛，经销商的利润可观，公司要把这些地区作为重点招商地区。

（2）大力开发东北市场（辽宁、吉林、黑龙江），这些地区对保健品的需求旺盛，而且对会议营销这种模式较为认可，是公司持续发展的后盾。所以要对东北地区加大招商力度，加大经销商扶植力度。

（3）西北、西南地区尚处于空白，这些地区经济条件一般，鉴于公司目前的实力，不建议大力开发，但如果有经销商经营，公司也应该大力扶植。

把种子市场做成成功案例

新品牌、新产品上市，是从零开始做起，应该从重点市场中选出种子市场，重点市场中的其他市场为二期市场、三期市场。

一定要把种子市场打造成根据地市场，也就是市场份额前三名，最好是第一名，做出市场的成功案例，摸索出开发模式。然后把开发模式复制到后期市场。成功案例是最有力的实际证据。

种子市场的条件如下所述。

（1）有这个品类的购买传统。

（2）有相当的辐射势能。

江小白。种子市场是重庆，二期市场是四川、湖南。

脑白金。种子市场是江苏，二期市场是华东其他省份。

苹果。第一代iPhone于2007年6月29日在美国上市，成为爆品。同年11月推向英国、法国和德国。

泰昆。2015年10月新品上市，聚焦于新疆东三县（吉木萨尔、奇台和木垒）。

地理上的种子市场范围不要过大。合适的地理范围有以下有利之处。

（1）减轻竞争压力。战线如果过长，人、财、物资源有可能顶不住，竞争压力太大。

（2）打造根据地市场。什么叫根据地？就是在这个地方到处是你的人，你掌控着这个山头。在既定的范围内，销量越大，市场份额就越大，你就有了“势”。

（3）提升客户稳定性。用的人越多，客户越稳定，这是由从众心理决定的。就像我们外出用餐，越是人多的店越有人愿意排队，隔壁那家门可罗雀。中间商也是这样，产品销量好，他们有钱赚，自然对你忠诚。

（4）方便运输，节约运输费用。

（5）保障货物安全。范围过大，可能要转运，可能雨打风吹，可能被盗，可能破损变质。

（6）提高员工工作效率。范围过大，营销人员太多的时间花在路上，那是无效时间。客服人员跑一趟客户不容易，不能及时响应。范围过大还容易发生窜货现象，处理起来非常麻烦。

把种子客户做成成功案例

选定了种子市场，还要从中选定种子客户，把他们做成成功案例，并请他们传播。

种子客户的条件如下所述。

（1）影响力强大。面对任何一个新事物，人们的态度都有四种：带头者、跟风者、中立者和反对者，种子客户要选带头者，他们是意见领袖，从而带动跟风者，争取中立者。

（2）喜欢接受新事物。

（3）购买量较大。

高科动保。2002年创立，2016年启动新单品“8%肽恩肥”的直销，占领种子客户——河北及周边省份非上市的中大型饲料企业。公司成立了直销团队，在河北及周边省份进行密集拜访，按上述三个标准筛选出一批种子客户，由高管支持进行“定向爆破”，一年下来，市场逐渐打开，业绩远超预期。

小米。2011年8月推出首款手机，种子客户是MIUI论坛上的50万发烧友“米粉”，其次是内部员工及其亲友。

营销人员说“客户对我们的产品不感兴趣”，很可能是因为遇到了跟风者、中立者和反对者，因而不能就此得出悲观的结论。

在同一时期，还可以根据需要将目标客户分为重点客户和一般客户，将主要资源投入重点客户。

第2节　渠道策略

渠道策略的关键点：与中间商成为合作伙伴。

传统的渠道

传统的渠道是以让利为基础的买卖关系，制造商、中间商都很独立，各自为政，都在争取自己的利益最大化，制造商与中间商之间、中间商与中间商之间的合作比较松散，优质的中间商很容易被别人挖走。

不少企业存在两种极端，要么停留在中间商层面，没有深入终端客户之中去做些什么，要么一头扎在终端客户之中，忽视了中间商。

制造商必须同时解决两个问题：中间商乐意卖，终端客户乐意买。

某公司的销售例会上，营销人员对经销商有很多报怨，“不好控制”“下达的任务完成不了”“总是提出这样那样的要求”“不推我们的产品”“不理解我们的产品”……

咨询顾问组织大家讨论了三个问题。

（1）有多少经销商对我们的哪些地方不满意？

（2）哪些地方确实是我们做得不够？

（3）我们应该怎样做？

制造商通常将中间商作为客户，将最终的用户作为终端客户。问题来了，应不应该把中间商作为客户？答案是否定的，中间商应该作为合作伙伴，制造商与中间商是一个团队，共同为终端客户提供产品和服务。

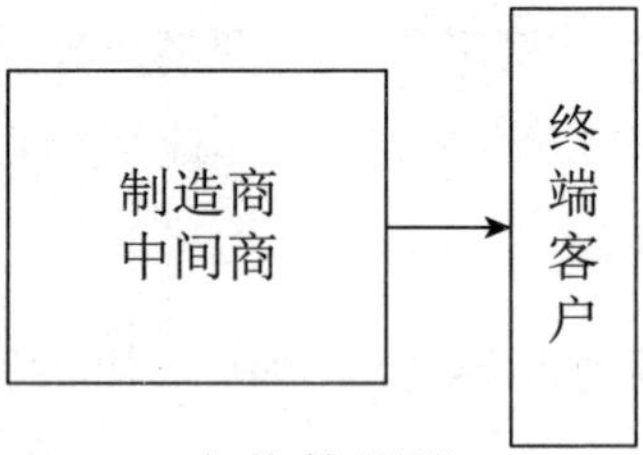

合作的渠道

丰田销售方式5P的第一个P（目的）就是“将代理店、加盟店及丰田公司组成三位一体的丰田销售团队，共同去实现改进与完善”。

传统渠道的弊端

负责统筹所有海外部门的丰田汽车公司副社长在2004年出版的《丰田销售方式》中说：“对于客户的再定义也是一个至关重要的课题。在公司内，有很多人认为‘我们的客户就是零售店’，这种观点让我大吃一惊。零售店不是我们的客户，而是我们的合作伙伴。零售店、代理店、丰田公司这个三位一体的结构，可以说是丰田的生命线，是销售的基本。必须彻底清除‘将产品运到零售店就算完成任务，至于向客户销售汽车则是它们的工作，与自己无关’等错误的思维方式。”

但是，很多企业是把中间商当作客户来对待的。某公司的董事长在员工培训时说：“你们不要搞错了，终端客户不是我们的客户，经销商才是我们的客户，因为他们拿钱购买我们的产品，要把他们服务好。”他中传统渠道的毒太深了。

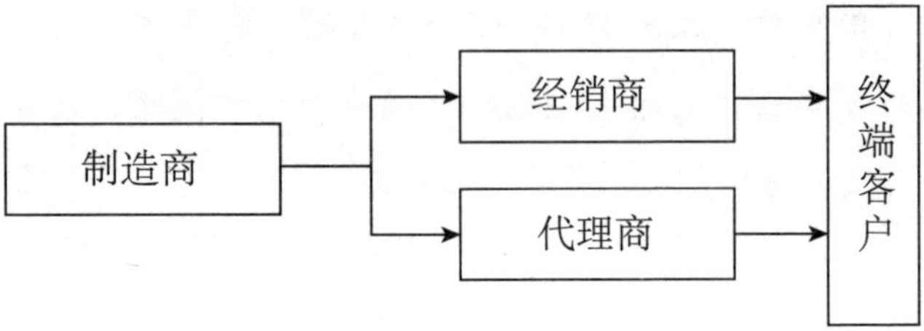

渠道升级

不少企业在搞渠道升级，给中间商评级，对中间商进行帮扶、维稳和淘汰。这是必要的，但只做这些是远远不够的，因为不能取得突破性的改善。

首先要弄清楚中间商想要什么。

（1）经济利益：提高利润（佣金）空间、提高销量、降低成本、资金支持。

（2）问题利益：市场推广支持、营销策划支持、客户服务支持、经营管理支持、营销培训支持。

（3）心理利益：占了便宜、满足面子、彰显权威、成就感、团队归属。

当然，并不是中间商想要什么，你就给什么，而是有条件地满足。

渠道升级要以建立合作的团队为目标。

1. 心理契约式渠道

制造商都会与自己的中间商签订销售合同，但这只是商业契约，远远不够。有的企业采取一些措施促进合作，如制订优惠政策和市场推广、帮助中间商开发终端客户、帮助中间商筹集资金等，但这些仍然没有在本质上超越商业契约。制造商与中间商必须建立心理契约——相互信任、相互尊重、相互支持。这是一个漫长的过程，主动、及时、坦诚、平等的沟通是基础。

制造商如果选用了强大的第三方渠道，如大型商超、连锁店，往往处于弱势地位。进场费、管理费、货架费、展示费、返点或提成、店庆费、堆头费、年节费……让你焦头烂额。一定要先把种子区域、种子客户做成功，把品牌做起来，让他们来找你，否则不可能有平等的对话权。

2. 子公司式渠道

制造商以子公司的形式设立批发商、零售商，最好是采取内部创业形式，公司、核心营销人员共同持股。有的公司把这种形式叫作“员工经销商化”。

还可以与中间商合伙成立销售公司。

3. 品牌特许式渠道

如果制造商具有强大的品牌实力（最好是目标市场前三名），可以利用品牌资产优势，像麦当劳那样开设品牌特许加盟店，快速扩张。

4. 跨行共享式渠道

制造商可以与其他行业的企业共建共享渠道，相互促进。比如现在有很多饲料厂家、兽药厂家、养殖设备厂家共同建立农民专业合作社，向养殖户提供产品和技术服务。

5. 直销渠道

取消中间商，由营销人员直接向客户销售。如今不再是传统的工业时代，而是产业互联时代，互联网、云计算、大数据、智能终端正在改变企业的商业模式，中间商的作用正在减弱，企业将成为客户运营商，从经营产品和服务变为经营客户。

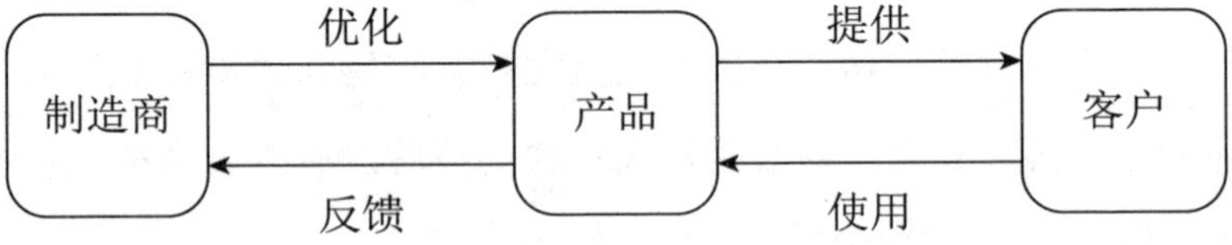

无论采用哪种渠道，初创企业、新产品上市，最好是渠道聚焦，集中资源把目标渠道做透，再进行渠道扩展。

脑白金。1997年上市时，聚焦中小城市的药店。

新希望六和。新品牌畅舒定位规模猪场专用料，渠道为直销。老品牌保持经销，并建立了经销商筛选标准，按标准开发新经销商，对现有经销商分别进行维稳、帮扶和淘汰。

长沙兴嘉。取消中间商，选拔优秀的营销人员成立合资销售公司。

某公司开发经销商的时候没有统一的、书面的筛选标准，导致开发回来的经销商良莠不齐，销量小、一棒子买卖、合作不顺的经销商占了80%以上。咨询顾问与销售团队充分讨论，制订了筛选标准，确定了支撑各项筛选标准需要排查的信息。并规定，《评价表》与《经销商排查表》需上报销售部经理，批准后才可开发，先僵化、后优化。

序号	指标	标准（分）			得分
1	年/月销量	X以上（20）	X~X（15）	X以下（5）	
2	增量意愿	强烈（20）	一般（10）	无（0）	
3	合作意愿	强烈（20）	良好（15）	一般（10）	
4	经营实力	强大（20）	良好（10）	较弱（5）	
5	客户服务	很好（10）	良好（6）	一般（3）	
6	商业口碑	很好（10）	良好（6）	一般（3）	
				合计	

如果是自建渠道，新品牌要用新渠道

1957年开始，丰田向美国出口汽车，主打皇冠，进军高端市场。1984年，根据美国丰田的建议，日本总部开始研发更高端的车型，当时称为“F计划”（品质及配置高于奔驰420SEL）。但是美国丰田与日本总部在营销方面出现了分歧。日本总部认为，这款车代表着丰田的最高品质，应该通过现有的经销商渠道销售，而美国丰田认为，应该启用新品牌、新渠道。1988年年初，在日本丰田总部会议室召开的会议上讨论这两种意见，双方激烈争论，最后董事长决定启用新品牌“雷克萨斯”，产品名定为LS400。雷克萨斯于1989年首先在美国上市，经过10年的积累，2000年起连续八年名列美国市场高端车销量排行榜冠军。正是雷克萨斯的巨大成功带动了丰田汽车的全线销售，丰田汽车在2007年以950万辆的年产量（年销量843万辆）首次超越通用汽车，名列世界第一。

在企业自建渠道的情况下，推出一个新品牌，是放在老品牌的渠道一起销售，还是另辟新渠道？今天看来这是一个非常低级的问题，但仍有不少企业是新品牌、老渠道。

这些企业或许认为，新品牌、老渠道铺货快、动销快、成本低。其实，这与“品牌延伸”是同一类错误，叫“渠道延伸”。同一个渠道销售同一家企业的不同品牌，短期来看确实铺货快、动销快、成本低，但非常不利于品牌打造，因为两个品牌代表的是两个定位不同的品类，配套的服务、针对的目标客户也不同，不能让两种目标客户到同一家经销商去选择同一家企业的两个不同品牌。

当然，可以在现有经销商中挑选一些来销售新品牌，但要求这些经销商一定要终止老品牌的销售，并按新品牌的要求进行店面装修、内部装修、产品陈列、广告布置。

如果企业用的是第三方渠道，如大型商超、连锁店，是可以在同一个渠道同时销售多个品牌的，前提是各个品牌所代表的品类的定位要完全不同，否则只会引发内耗。

电子商务的模式与平台

电子商务（Electronic Commerce，EC）是一种销售模式，其中包含了渠道。

电子商务指使用电子工具（电报、电话、广播、电视机、传真机、计算机、计算机网络、移动通信等）开展在线推广、网上交易、电子支付、电子发票、在线金融、物流配送等商务活动。电子商务的模式与平台一直在快速创新。

在电子商务中，就制造商而言，如果卖方是制造商自己，就是直销渠道；如果卖方是制造商的经销商，就是经销渠道。

卖方可以自建交易平台，也可以使用第三方平台，主要是看平台的开发、维护、推广和运营能力。事实上，绝大部分的自建平台都失败了，包括一些行业龙头企业自建的平台。

B2B（Business to Business）：企业销售给企业。第三方平台如阿里巴巴、环球资源。

B2C（Business to Customer）：企业销售给个人。第三方平台如天猫、京东、亚马逊中国、当当。

C2C（Consumer to Consumer）：个人销售给个人。第三方平台如淘宝、易趣、拍拍、有啊。

ABC（Agents to Business to Consumer）：代理商、企业和个人共同搭建的集生产、经营、消费为一体的电子商务平台。三者之间可以转化、相互服务，形成一个利益共同体。

B2M（Business to Marketing）：企业将网络营销工作托管给网络营销托管服务商。网络营销托管服务商为企业提供线上和线下的托管服务，内容包括网站运营托管、搜索引擎广告托管、B2B营销托管、B2C网店经营代售、博客营销、社区营销、软文广告、SEO优化、视频营销、群营销、邮件营销、网络活动策划及网络营销培训等。平台如一比多、多业网。

O2O（Online to Offline）：线上到线下。线上订购、线下实体店消费。平台如苏宁易购、饿了么、大众点评、美团、滴滴出行、瓜子网。

并不是所有的产品都适合电子商务销售方式。除了产品具备30%以上的毛利率以外，进行电子商务销售至少要能够解决三个问题——信任、服务、物流。

如果一个品类同时在线上、线下销售，一定要把网上的品类重新设计一个品牌名，打造成互联网品牌，同时防止自己抢自己的客户（线上抢线下的客户），以及价格冲击。

即使适合做电商，也要考虑费用能否承受。第三方平台的费用表面上包括保证金、技术服务年费、平台使用费、佣金，其实在实际费用中，这些费用的占比并不高，因为更多的费用是各种推广费，比如展位推广费、搜索推广费、品类推广费、店铺推广费……这还不算站外引流的各种费用。产品如果没有30%以上的毛利，电商就会亏本。

第3节　价格策略

价格策略的关键点：用价值拉高价格。

影响定价的因素

价格直接关系到利润。李践说“定价定天下”。影响定价的因素有如下六个。

1. 产品成本

成本越低，定价的空间越大。合理降低总成本的目的就在这里。

成本与质量好像是很难调和的一对矛盾，大家都认为质量好成本一定会高。很多企业为了降低成本只好牺牲质量，甚至招聘薪水要求较低的员工、少招人、想方设法地克扣员工薪酬，低价采购不合格的原材料、偷工减料，拖欠供应商货款……

事实证明，提高质量与降低成本是完全可以同时做到的。丰田就是一个典型的例证，精益生产的第一个原则就是消除生产过程中的八大浪费：过量生产、等待时间、运输、库存、过程（工序）、动作、产品缺陷、忽视员工创造力。丰田通过对生产的精益改善，不仅提高了质量、降低了成本，还提高了生产效率和员工素养。

2. 定价目的

（1）为了利润最大化。拉高毛利率，在考虑客户接受程度的基础上，尽可能地定高价。

（2）为了打造品牌。特别是想打造高档品牌，尽可能地定高价。

（3）为了高性价比。高质高价、中质中价、低质低价。理论上，高质低价的性价比最高，即所谓的价廉物美，但现实中几乎不存在。好贵好贵，好就是要贵。作为买方，都希望质量好、价格低，作为卖方，都希望质量好、价格高，甚至质量差、价格也高，这就是人性，利己是一种本能，利他是一种能力。

（4）为了快速上量。为此企业往往定低价，但低价并不一定能够达到目的。

（5）为了打击竞品。复制竞品，以此压制对方的销售。

3. 需求弹性

因收入和价格等因素引起的需求变动率称为需求弹性。

（1）市场需求的收入弹性。收入增减会影响客户的购买力。但刚性需求的收入需求弹性较小，如大米，收入再低也要吃饭。

（2）市场需求的价格弹性。一般来说，价格越高需求越少，价格越低需求越大。但也不一定，我们经常看到，一种产品改进以后，提价了，反而好卖了；有的产品，即使价格降了，也不一定好卖。

（3）市场需求的交叉弹性。同一品类的各个产品之间因价格不同会产生交叉影响。正向交叉是一个产品涨价会引起另一个产品销量增加，反向交叉是一个产品涨价会引起另一个产品销量减少。

4. 产品的生命周期

产品的生命周期包括五个阶段：开发期、导入期、成长期、成熟期和衰退期。导入期，销量缓慢增长，投入大，获利难。成长期，产品被市场接受，销量、利润大幅增长。成熟期，市场近乎饱和，销量增速放缓，同时因为对抗竞争导致营销费用增加，利润松动。衰退期，产品被客户抛弃，销量和利润不断下滑。

一般来说，导入期的定价最高，此后逐渐下调。如果导入期采用低价抢市场，这样的市场不会稳定，而且以后涨价艰难。

5. 同行的产品价格

客户会拿你的价格与别人的价格对比，如果你的价格比别人高，却说不出理由或者理由说服不了客户，客户就会说你卖贵了。

6. 客户的认知

客户会拿你的价格与他的期望值对比，如果觉得解决不了他的痛点，就会说不值。

三种主要的传统定价方法

1. 以成本为第一参照物

成本这么多，加上要获取这么多毛利，价格就出来了。

如果成本具有优势，价格比竞品低，当然具有价格上的竞争优势，但毛利率也低。价格比竞品高，要说出高的理由。

如果成本没有优势，价格比竞品低，毛利率就更低，甚至亏损。价格比竞品高，就是把成本转嫁给了客户，连理由都说不出来。

有的企业甚至向客户公开成本。但是，客户不关心你的成本，只关心自身的成本。即使关心你的成本，客户也不会相信你说的成本。

某五金加工企业曾经有过较好的业绩，销售额近6000万元、净利润1200多万元，2008年开始下滑，2011年首次出现亏损，2012年亏损扩大。什么原因？

老板：团队不争气，浪费严重，客户还压价，所以赚不到钱。

财务：许多订单价格太低，做的多就亏的多，所以对订单报价进行了管控。

销售：大多数情况下，我们的报价总是比别人高，大批量的订单都不给我们做，有时候客户也会给一些大订单，但我们不敢接，怕做不出来。

生产：产品品种多，订单批量小，压铸机每天要换几个品种，实在做不出来……

问题好像无解了。经过分析，发现关键问题出在报价上，由财务部门核准报价的做法是错误的。依据6000万元的销售额进行成本预算，成本一定比销售额超过6000万元的企业高，又要保证一定的利润，报价一定比别人高。而且只看价格，不看数量，比如面对一个单价9元、数量10万只的订单和一个单价10元、数量2000只的订单，他们会选择后者。做的多亏的多的说法是站不住脚的，因为量大会摊薄成本。

2. 以利润为第一参照物

锁定一个毛利率，有的企业还根据预测销量计算盈亏平衡点。成本低，价格就低；成本高，价格就高。

有个说法叫“薄利多销”，把毛利率压得很低。薄利真的能多销吗？客户怎么相信你是薄利？即使相信了，他觉得不值，还是不会买，你怎么多销？

高成本、高价格，也是把成本转嫁给了客户。

3. 以竞品价格为第一参照物

价格或比竞品高，或比竞品低，或与竞品差不多。为什么这样定价，往往说不清楚。

有的企业是把几家同行的价格拿过来，取一个中间数。

当然，如果买方是强制性地只购买价格最低的产品，如招标中采用了最低价评标法，而你又想卖给他的话，就只能比竞品的价格低了。

传统的定价方法五花八门，远远不止这些，但有一个共同点——就价格而价格。

定价的依据应该是价值

价值就是解决客户痛点，从而给客户提供利益。解决的痛点级别越高，价值越大。

客户购买的三要素是：有痛点、有购买力、觉得值。关键是“觉得值”。觉得值，价格再高都会买，借钱也要买；觉得不值，价格再低也不会买。

产品有了价值，无论客户拿你的价格与别人的价格对比，还是拿你的价格与他的期望值对比，他都会觉得值。

所以，定价的时候不能就价格而价格，而是要就价值而价格，采用价值定价。

采用价值定价的前提如下所述。

（1）已经占领一个痛点。

（2）目标客户知道并相信产品能够解决这个痛点（购买）。

（3）确实解决了这个痛点（重复购买并转介绍）。

就占领一个痛点来说，竞品占领了一个痛点，而你的品类没有，你就无法定价比他高。如果大家都没有占领一个痛点，就很容易陷入价格战。如果你与竞品占领的痛点不同，针对的目标客户就不同，对定价的影响就很小。

客户跟你谈价格，你要与客户谈价值，跳出价格陷阱。

怎样进行价值定价？不同的痛点竞争策略，价格是不同的。

（1）领导。扩大品类时，为品类最高价（在价格上彰显品类领导地位）；进化的品类根据产品的生命周期维持原价或逐渐降低；分化创造的新品类定价要高于自己的旧品类；复制的新品定价要低于竞品。

（2）补缺。第一个抢占，定价要高于上一层品类的最高价格；第二、第三个抢占，要与竞品占领的痛点的价值大小做比较，价值比竞品高，价格就比竞品高，反之价格比竞品低。

（3）跟随。近跟、远跟、反超，定价都是低于竞品，最多相同。

（4）挑战。更好、对立，定价都要高于竞品，至少相同。

通威推出虾肝强时，因为占领了一级痛点，定价比竞品高，也是品类的全国最高价。

东北某保健品公司，以每盒240元的价格把产品卖给一家电商公司，电商公司建了很多微信群，用“会员消费制”进行销售，价格是每盒1680元，销量一直上不去。鉴于电商公司没有线下渠道能力，咨询顾问建议保健品公司取消与电商公司的合作，对产品重新定位，占领一个一级痛点，自己组建电商队伍进行B2C直销，价格调整为每盒780元，毛利率80%。

人的心理很有意思，购买的时候嫌贵，但内心又用价格来给产品划定档次——价格贵的产品档次高。

所以，并不是所有的产品都适合做性价比，如奢侈品、白酒、香烟、咨询和培训服务，因为客户对这些产品的认知是“贵的才是好的”。性价比更多用在生产资料类的产品上。

定价的调节

采用价值定价法进行定价时，可以根据不同的情况进行价格调节。

1. 地区定价

（1）统一定价。所有的市场，价格都是一样的，往往在网上、卖场、包装上公示价格。

（2）FOB（Free On Board，离岸价、原产地定价）。价格不包括运费，产品从原产地运输到客户的费用和风险均由买方承担，但仓库到长途运输工具之间的短途运输费用一般由卖方承担。

（3）统一交货定价。价格包括运费，产品从原产地运输到客户的费用和风险均由卖方承担。

（4）免运费定价。价格不包括运费，免费送货，或买方的运费由卖方承担。

（5）分区定价。考虑到运费和运输风险（也有的企业是抱着投机心理），把市场划分为若干个区域，不同的区域价格不同。

（6）基地定价。以一个或几个城市为基点，加上运费，不同的区域价格不同，不管实际上是从哪里发货的。

2. 心理定价

（1）声望定价。顶级名牌让客户仰慕，价格奇高的高档消费品称为“奢侈品”，也很畅销，如爱马仕皮具、百达翡丽手表、科尼赛克跑车、劳斯莱斯轿车、紫檀木家具、卡地亚珠宝、唐纳·卡兰服装、La Prairie化妆品、“三湖”别墅、登禄普高尔夫球具、普拉达眼镜、派克钢笔、芬迪皮鞋、绝对伏特加、高斯巴雪茄、Zig-Zag烟斗、纪梵希打火机、香奈尔香水、Riva游艇、Raytheon私人飞机、Harney & Sons茶叶、Hennessy红酒、FM ACOUSTICS音响、巴菲特午餐。对待奢侈品，客户已经不是一般的仰慕，而是产生了幻觉。

（2）尾数定价。比如，148.85元、0.85元的定价让人感觉便宜、经过精确计算。

（3）招徕定价。每个周末或每天或每时，推出一款或几款特价产品，招徕人气。

3. 差别定价

（1）客户差别定价。同一种产品，面对不同的客户有不同的价格。

（2）产品部位定价。比如，剧场的前排中间位置、飞机和高铁的头等舱价格较高。

（3）时间差别定价。比如淡季价、钟点房。

4. 产品组合定价

（1）同一品类下面的不同产品，价格分为几个档次，比如，雅戈尔白色长袖商务衬衫，京东商城上的价格，一种299元、一种279元，让人感觉一种高档一些、一种低档一些。

（2）选择品定价。选择品是可要可不要的产品。比如，在饭店进餐，酒是选择品，有的饭店酒的定价比外面高很多（靠酒赚钱），而有的饭店啤酒是免费的（靠酒招徕客户，用菜赚钱）。

（3）补充品定价。补充品是一定要的产品。比如，生产水产饲料的企业，调水品是补充品，有的企业调水品定价较高（靠调水品赚钱），有的企业是免费赠送（促进饲料销售）。再比如，售后的保养和维修是整车销售的补充产品，却往往是整车销售利润的三倍，所以常有人说，高档车是买得起养不起。

（4）分部定价。比如，旅游景点进大门要买票，你以为里面不用再买票了吗？不，有些景点还需要游客再买票，这就是分部定价。

（5）副产品定价。比如，石油加工会产生沥青，实际上就是原油蒸馏后的残渣，因为有价值（用来铺路），可以销售，价格一般要比处理费用高。

（6）打包定价。比如，旅游公司把交通费、食宿费、门票费放在一起定一个价格，而且比单独购买交通、食宿、门票的总价要低。

第4节　推广策略

推广策略的关键点：先公关，后广告。

公关点火

新品上市需要解决两个问题：可信度和知名度。企业首先要建立可信度，可信才会信任，客户才有可能购买。

先用广告开路是错误的，“王婆卖瓜”只能让客户知道产品但对产品产生不了信任，还让媒体和客户丧失了谈资。广告当然要做，但不是在新品刚上市的时候。

当然，如果你的新品是对老产品的升级或换代，可信度就不是主要问题，那就适当地广而告之，让客户知道产品升级或换代了。

公关是借助别人（客户、媒体、机构等）来传递信息。因为信息来自别人，所以客户容易相信。

主要的公关活动如下所述。当然，你也可以策划出更多更好的公关活动。

1. 推出“第一个”品类

这本身就是热点，媒体会感兴趣。可以召开媒体招待会，或邀请记者采访，或制造一个事件，媒体去发表文章。媒体喜欢抢先独家报道，所以最好是先向一家媒体透露，而且以中等媒体为好，然后大媒体才愿意转载或者找你做深度采访。一个新品牌必须有亮点，在媒体上产生有利报道，否则很难有机会占领市场。

2. 客户互动和口碑

现在已经到了体验消费阶段，甚至在产品研发的过程中就让客户参与进来，收集、分析和判断客户对产品的意见和建议，不断完善产品。由成功案例而产生的口碑是最有力的证言。

3. 制造与竞品的良性争议，目的是吸引媒体和客户的参与

如农夫山泉为了推广“天然水”概念，在浙江大学做了三个实验，由媒体公布实验结果，引来纯净水企业的强烈对抗，新华社发出了电讯稿报道《“专家提醒”——“纯净水”不能大量、

长期饮用》，为这场争议做了结论，使得农夫山泉名声大振。

4. 借助社会热点与竞品“叫板”

如王健林借助迪士尼乐园进驻中国上海的热点，在央视《对话》栏目中放言要让迪士尼中国10到20年之内都营不了利。2012年刘强东借助对手动用个别地方政府打击京东的事件连发微博挑战苏宁易购、国美，掀起家电价格战，使得京东百度指数超过平时的五倍。

5. 针对客户的偏见用事实说话

如大家普遍认为国产奶粉没有进口的好，君乐宝奶粉2014年成功进入香港市场，媒体报道后，销量大增，一些市场竟然脱销。

6. 第三方权威机构出具的关于品类特性方面的证明

证明可以是某产品的权威机构检测报告。

7. 由权威机构出面，对目标客户进行与新品有关的教育

如宝洁进入中国时赞助中国健康教育协会推出主题为“今天你洗头了没有”的系列公益广告，引导客户每周要洗头4～7次。

石家庄君乐宝乳业有限公司曾经是石家庄三鹿集团股份有限公司的控股子公司，主营酸奶。2008年三鹿奶粉事件爆

发后，君乐宝回购了三鹿持有的股份，2012年开始做奶粉。君乐宝总裁魏立华自称“废墟上的崛起”。

君乐宝奶粉发展比较成功，2017年销售额突破25亿元，同比增长108%。它是怎样让客户重新相信河北石家庄的国产奶粉的呢？请注意其公关活动。

（1）品质上构建四个世界级。自建世界级的牧场，用最好的牛奶做婴幼儿奶粉；所有的原辅材料都用最好的；建世界级的工厂，用最先进的工艺；采用世界级的食品案例管理体系，通过了全球食品安全标准（BRC）A+认证、德国国际食品安全标准IFS的优秀级认证。

（2）价格回归理性。130元一罐，中国市场上大多数婴幼儿奶粉价格是一罐300元以上。

（3）品牌推广。召开大型媒体发布会；网站被黑后再次召开媒体会议；给打进电话的客户送奶粉并回访；2014年“双十一”在天猫销售2600万元，名列奶粉品类第一名，被媒体主动报道；联合供应商成立“优质优价全球联盟”并召开大型发布会；奶粉产品通过全球食品安全标准（BRC）A+认证后，请来农业部（现为农业农村部，下同）领导出席新闻发布会；农业部领导两次主动到公司考察；发起并承办“全国奶业20强（D20）峰会暨中国奶业振兴大会”；进入香港市场，引发媒体主动报道；组织客户参观牧场。

广告扇风

公关生效后，才轮到广告上场，戏剧化地展现购买理由，维护品牌。

广告的主角是产品。但很多广告片面追求创意、艺术性，人们或许记住了广告，却忘了产品，这样的广告是白花钱。

广告媒介主要包括互联网、电视、电影、广播、电话、报刊、路牌、车体、招贴和条幅等。其实在客户看来，凡是出自企业的宣传信息都是广告，包括包装、产品说明书、新产品发布会、技术推广会、新品试用、工厂参观、标杆客户参观、自己做的产品实验、自己写的文章等。

大众产品的广告投入会大一些；小众产品的广告投入会小一些，甚至不做广告。

江小白。给人的感觉是江小白的推广信息铺天盖地，但推广费用并不高，费用占比不到10%，远远低于其他白酒品牌。在公关活动方面，江小白实施“文化营销”，包括约酒大会、主题音乐、主题美术、主题动画片、汽摩拉力赛、T1小酒馆、创业扶持等。在广告方面，媒介以陶石泉新浪微博、语录瓶、表达瓶为主，地铁、微信公众号、影视植入为辅。

左右沙发。某机场候机厅的过道上有一幅广告，杨澜占了画面的一半，广告语“幸福不远，就在左右”。这个广告几乎白做了，因为画面上没有沙发，人们只会记住杨澜。产品才是广告的主角。

999感冒灵。2017年11月下旬，999感冒灵推出了一条四分多钟的感恩节短片《有人偷偷爱着你》，广为流传，很感人。但是从观众留言来看，几乎都只是记住了短片本身。有几个人记住了产品呢？所以这是一条无效广告。

但要明白，互联网是一种交互媒体，而广告是单向的，所以在互联网上投放广告的效果比较差，除非是用广告把客户引流到互动平台上来。这样的广告的目的就是引流，而不是宣传产品。

广告要么不投，要投就要足量。就像烧水，投点小钱试一试，烧到30度就停了，白烧。

在互联网上，烧到99度都是白烧。

广告要连续投放，起码要投放十年。广告语不要变，但表现形式可以变。看看脑白金的广告就明白了，那一对动画老人，"今年过年不收礼，收礼只收脑白金"，已经播放20年了。

广告不会在未来得到回报，它只会在今天维护品牌。

名人代言的效果越来越差。很多名人代言的广告是失败的，一是其与目标客户不匹配，二是其知名度不够，三是其并没有使用代言的产品。其实最好的代言人有两类，一是客户，二是自己的员工（包括老板、技术带头人）。

东莞某企业生产一种老人健康器材，重点市场是广东，请了天津一名相声演员作为品牌代言人。这是不合适的，一是因为这个演员面相不够善；二是因为广东人几乎不听相声，对他不熟悉；三是这个演员的知名度较低。

互联网推广工具

互联网推广要想获得好的效果，必须保证内容正确有效、工具正确有效，否则获客成本是很高的。最好的推广效果是形成“病毒式”传播。

目前常用的互联网推广工具如下所述。

1. 搜索引擎

搜索引擎大多数是自然排名，不需要太多花费。主流的搜索引擎有百度、搜狗、必应等。

2. 即时通信

常见的即时通信工具有QQ、微信、站内即时通信等。可以通过即时通信工具与客户及时互动。

3. 聊天群组

聊天群组是即时通信工具的延伸，比如微信群、QQ群、旺旺群、新浪聊天吧等。

4. 微信公众号和微信小程序

微信公众号是在微信公众平台上申请的账号，是典型的自媒体，可以对外推广的公众号有订阅号、服务号两种，根据需要进行选择。微信小程序是一种不需要下载安装即可使用的应用。

公众号和小程序的账户名称最好占领行业制高点，不要使用公司名称，让公众号和小程序具有公众属性，而不只是属于公司自己。

5. 官网

官网就是企业自己的网站。但由于大部分官网缺乏专业人才的策划和运营，访问量不高，推广效果不是很好。

6. 公众网站及其APP

比如，借用门户网站、行业网站、专业网站、购物网站，可在上面发布广告、软文、知识性文章等。

7. BBS

BBS（电子布告栏系统，俗称论坛），包括大型的社交论坛、地方论坛、游戏论坛，可通过在BBS上制造话题来达到推广目的。

8. BLOG

BLOG（网络日志，俗称博客）的内容应该以原创为主，吸引人浏览、转载和分享。不过，微博诞生以后，传统的博客已经快速衰退。

9. RSS

RSS（简易信息聚合，俗称电子杂志）比其他邮件列表具有更多的优势，是对邮件列表的替代和补充。使用RSS的人以行业业内人士居多，如研发人员、财经人员、企业管理人员等，他们会在一些专业性很强的科技型、财经型、管理型等专业性网站上用邮件形式订阅公司的杂志和日志信息，了解行业信息。

10. SNS

SNS（社交网络服务），包括社交软件和社交网站，允许用户在网络分享他们的想法、图片、文章、活动、事件，如Facebook（脸书）、人人网、朋友网、开心网、豆瓣、陌陌、脉脉等。

11. 视频直播平台

比如抖音、快手。视频是图像，比文字更加直接。

第5节　服务策略

服务策略的关键点：与产品构成痛点的解决方案。

服务要协助产品解决客户痛点

陈先生是湖北某企业的销售部经理，几乎每天下午都与客户打牌，晚上一起喝酒，接着打牌。他说："我们整个行业都是这样的。"

客情重不重要？当然重要。但是如果把服务搞成了与痛点无关的客情，就没有价值了。

解决方案由服务（售前、售中、售后）和产品组成。售前服务导出解决方案，售中服务和售后服务保证解决方案的执行和效果。客户需要的不是产品，而是能帮他解决痛点的服务方案。

很多人把产品和解决方案当成两码事，这是不对的，因为产品是解决方案的一个组成部分，而且是最核心的部分。

解决方案有三种。

（1）定制式解决方案。产品完全根据客户痛点进行研发，多见于建筑工程和特殊软件开发。

（2）半定制式解决方案。产品有一个初级版本，根据客户痛点进行二次开发，多见于通用软件开发和特殊工业品。

（3）标准品式解决方案。产品是标准品（国际标准、国家标准、行业标准、地方标准）。

保值服务与增值服务

解决方案内的服务是保值服务；解决方案外的服务是增值服务。

保值服务是分内的事，是你该做的。做好了，客户不一定满意；不做或者做不好，客户一定不满意。

增值服务是分外的事，不做是本分，做了是人情。做好了，客户一定满意；不做或者做不好，客户不一定不满意，如为客户跑贷款、满足客户的个人需求等。

很多企业喊出口号，“我们要为客户提供增值服务！”如果保值服务不做或者做不好，增值服务就是白做，因为客户满意度不会提升。

问题在于，客户往往不会把企业的服务分为保值、增值两类，他们总期望服务越多越好，特别是免费的服务。很少有人把免费服务当回事，他只会认为自己占了便宜，不会感谢企业。再说，服务是需要成本的，没有利润的支撑，哪来的服务？

瓜子二手车直卖网。259项检测，14天可退，2年4万千米质保。

三只松鼠。在行业里率先赠送开口器、湿纸巾、封口夹、垃圾袋，解决了客户的一级痛点。有客户在网上说“感觉像国王一样在吃坚果”。

第6节　促销策略

促销策略的关键点：只在需要时打兴奋剂。

广义的促销

福建某企业的销量在行业中属于中等偏下，这样的销量按理说应该是有一点利润的，但企业亏损超过600万元。原因在于他们的销量几乎全是促销而来的。常年搞促销，不促销产品就卖不动，已经形成恶性循环，企业也无计可施。

促销与公关、广告同属于“推广”，或者说是“沟通”。只是很多企业习惯搞促销，所以单独阐述一下。

促销是利用人们的贪便宜心理、从众心理来提升短期销量。

促销要考虑的问题是，为了什么目的促销？什么时候促销？向谁？推出什么样的促销？预算是多少？

广义的促销就是客户沟通。促销工具有八类。

1. 直效促销

（1）人员销售。比如营销人员拜访客户、商店里的导购引导客户。

（2）广告。互联网广告、自媒体广告、电视广告、报纸广告、杂志广告、直邮广告（DM）、广播广告、户外广告、售点广告（POP）等。

（3）展销会。

（4）产品陈列。

（5）产品演示。

（6）特许使用（客户使用满意后购买）。

（7）名人现场助售。

（8）限量销售。比如某年某月某日某时某分网上竞拍手机。

2. 公关促销

（1）行业大会。

（2）招商会。

（3）推广会。

（4）公司参观。

（5）新产品发布会。

（6）庆典大会。

（7）新闻（包括软文）。

（8）公益赞助、捐赠。

（9）抽奖。

3. 服务促销

（1）售前咨询。

（2）售中服务。

（3）售后服务。送货上门、免费培训、安装调试、保养维护。

（4）开架销售。

（5）承诺销售。无效退款、三包（包修、包换、包退）。

（6）定制、代工。

（7）付款政策。延期付款、分期付款。

4. 无偿促销

（1）免费样品。

（2）包装内赠。如加量不加价。

（3）包装外赠。如牙膏外面绑一支牙刷。

5. 惠赠促销

（1）买赠。如买一送一。

（2）换赠。如加1元购买其他产品。

（3）退赠。如购买达到一定量后返利或赠品。

6. 折扣促销

（1）降价或现金折扣。如当场一次性付清贷款给予2%的折扣；30天款期的提前到10天付清货款给予1%的折扣；一次购买3台以上铲车给予5%的折扣。

（2）职能折扣。如要求中间商履行促销、仓储等职能，给予一定折扣。

（3）时间折扣。如夏天购买棉衣给予折扣；“双十一”折扣。

（4）以旧换新折让。如购买一台2000元的电冰箱，同品牌的旧电冰箱作价300元回收，客户只需支付1700元。

（5）优惠券折扣。如短期性折价优惠券；长期性折价优惠卡（会员制）。

（6）阶段性降价特卖。

（7）换代折扣。

（8）清仓折扣。

（9）特殊身份折扣。如凭学生证、老年证可以购买打折车票。

7. 竞赛促销

竞赛促销的方式有销量比赛、征文比赛、答题比赛、竞猜比赛、选拔比赛、印花收集比赛等。

8. 双赢促销

两家以上企业联合起来开展互惠促销，如购买A企业的产品时赠送或可打折购买B企业的产品。

不要轻易搞折扣促销

狭义的促销是折扣促销，适用于反时令产品、积压产品、即将升级换代的产品、尾货、以旧换新、长期会员。但很多企业新品一上市就搞折扣促销，是严重错误的。

（1）目的错误。不应该先要量，而是先要可信度、知名度，让自己的新产品在客户心中成为这一品类的第一代表。

（2）透支客户。新品折扣等于告诉客户在价格正常的时候不要购买。看看吧，促销结束了，销量就下来了。购买促销产品的客户大多是长期而忠实的客户，很少有人因为便宜而购买陌生品牌。

（3）误导自己。销量短期冲上去了，就以为客户认可了新品，其实客户只是觉得占了便宜，并不一定认可新品。

江小白。结合传统节日、购物节、公关活动，适当促销，以不牺牲江小白品牌印象为底线。

史玉柱在《史玉柱自述》中说："我一直反对降价销售，脑白金没降过价。我的产品坚决不搞降价促销。降价就是自杀。"

第三方平台组织的商家集体大促，比如"双十一"，已经成了无情的品牌杀手，短期上了量，但很快一地鸡毛，品牌印象受到极大伤害。并不是所有的商家都愿意参加，但不参加不行，商家已经被平台"绑架"。

第 4 章　关联阅读

第1节 315模式案例

下述案例根据公开资料整理而来，这些成功案例充分验证了315模式的有效性。

江小白高粱酒

2012年3月，陶石泉在成都的春糖会上首次推出产品，但并未获得同行的认同。

2012年8月，成立重庆江小白酒类营销有限公司，股东董素芬，陶石泉担任公司的CEO。

2013年，公司并购重组，陶石泉任执行董事。公司推出第二代产品（100毫升、125毫升、300毫升，45度）。本年销售额5000万元，达到收支平衡。

2015年3月，成立重庆江小白酒业有限公司，陶石泉任股东、董事长、CEO。

三年中，公司的销售额连年以100%左右的速度高速增长，据说2016年超过10亿元。江小白的广告文案在全国热传。

（1）痛点占领策略。白酒第一品牌贵州茅台的定位是“高档”白酒，但它核心优势中的弱点是年轻人认为它过于正式、老

气横秋。市场上“没有专供年轻人饮用的白酒”，江小白要占领这个痛点。

（2）痛点竞争策略。将茅台主推的飞天53度作为竞品，竞争策略是“补缺（对立）”。坚持“乌龟、王八、蛋”精神，像乌龟那样慢慢走，像王八那样咬定不放，把蛋放在一个篮子里。不追求短期利润，重在打造品牌。

（3）品类定位策略。首先根据年龄进行消费者细分，目标人群是80后、90后的青年；其次根据兴趣二次细分，确定“文艺范”。品类定位是“青春小酒”。要让“青春”这个词语成为江小白的专有词语，占领目标消费者心智的第一位置。消费场景是小聚、小饮、小时刻、小心情。品类名：高粱酒。

（4）品类创新策略。单一原料（红皮糯高粱）；轻口味酒体、45度及以下；光瓶、纸套印上江小白语录（称为“语录瓶”，2016年的七夕节推出“表达瓶”）；小包装，100毫升。完全支撑品类定位。

（5）单品突破策略。初期只推一个产品，45度100毫升（2013年推出的第二代有三个产品）。

（6）品牌使用策略。只用一个品牌。

（7）品牌命名策略。“江小白”，意为“重庆江边的青春小白酒”。

（8）品牌语言策略。买点是体现文艺范（客户利益）、好喝（使用功效）、单一原料、轻口味酒体、语录瓶、小包装（产品特征）。广告语“我是江小白，生活很简单”。

（9）品牌符号策略。标识是“江小白”三个汉字的艺术体，品牌形象是文艺范的卡通男青年，酒瓶颜色白色，酒瓶形状方形，创始人陶石泉是超级符号。

（10）市场策略。种子市场是重庆，将之打造成根据地市场，然后向四川、湖南等周边市场扩张。种子客户是重庆市的80后、90后男青年。

（11）渠道策略。线下经销为主，渠道下沉，层次只有一级（少数偏远市场可为两级），追求分销反应速度、售点覆盖率，通过各种方法让经销商愿意推、愿意卖。线上直销为辅，计划在酒仙、京东、天猫、苏宁打造粉丝属性。

（12）价格策略。中档、主流价格带，折算成500毫升为50元至150元。定价与盈利的支撑是费用控制，合理控制包装费、广告费、渠道费，使得费用低于同类产品50%以上。盈利点为产品销售，考虑成立创业基金，扶持文艺创业者，进行股权投资，获取股权收益。

（13）推广策略。用足互动式文化手段，推出约酒大会等公关活动（后续的文化手段有主题音乐、主题美术、主题动画片、汽摩拉力赛、T1小酒馆、创业扶持等）。广告媒介以陶石泉新浪微博、语录瓶为主，地铁广告、微信公众号为辅（后续有消费者表达瓶、影视植入等）。

（14）服务策略。向文艺小青年提供轻口味白酒产品，本身就是最好的服务。为客户提供情感表达的各种机会。为中间商提供各种销售支持。

（15）促销策略。结合传统节日、购物节、公关活动，适当促销，以不牺牲江小白品牌印象为底线。

王老吉饮料

“王老吉”是中华老字号。1828年，15岁的王泽邦（乳名阿吉）在广州开设“王老吉”凉茶铺，卖自己制作的大碗凉茶，属于药汤，功效是清凉祛火、清热解毒。

1956年，王老吉与其他八家企业合并成立“王老吉联合制药厂”，继续生产王老吉凉茶系列产品。后来先后更名为“广州中药九厂”“羊城药厂”“广州羊城药业股份有限公司”“广州王老吉药业股份有限公司”，归属广药集团。

1992年，推出盒装和罐装王老吉凉茶。

1995年，广药集团授权香港鸿道集团（加多宝公司的母公司）在一定期限内生产经营红色罐装和红色瓶装王老吉，而广药集团则生产经营盒装王老吉。2000年双方签订王老吉商标租赁合同。

2002年王老吉开始打造大单品，当时王老吉凉茶的年销售额1.5亿元左右。2007年王老吉在中国市场的销量超过可口可乐，成为“中国饮料第一罐”。2008年销售额突破100亿元。2012年5月9日，广州王老吉药业股份有限公司收回红罐红瓶王老吉生产经营权。

（1）痛点占领策略。凉茶的市场主要在两广，南方地区的客户认为凉茶是中药，北方人的心智中凉茶是过夜茶。公司需要占领“怕上火”的一级痛点对品类重新定位。

（2）痛点竞争策略。领导（进化）。

（3）品类定位策略。是预防上火的饮料，不是凉茶。品类名：饮料。

（4）品类创新策略。配方不变。

（5）单品突破策略。砍掉红茶、绿茶、果汁等产品，只留下310ml、红罐。

（6）品牌使用策略。延用老品牌。

（7）品牌命名策略。延用老品牌名“王老吉”，是中华老字号。

（8）品牌语言策略。买点是预防上火，广告语“怕上火喝王老吉”。

（9）品牌符号策略。310毫升、红罐。

(10) 市场策略。种子市场为广东省，二期市场为全国。种子客户是广东省具有饮用凉茶习惯的消费者。

(11) 渠道策略。线下的饭店、商场、超市、便利店、小卖部。

(12) 价格策略。出厂价保密，零售价全国统一。

(13) 推广策略。前期在中央电视台打广告，后期根据需要调整。大量投放店头海报。

(14) 服务策略。向中间商提供各种销售服务支持。

(15) 促销策略。不降价，利用其他促销工具。

丰蓝1号燃气灶电池

2012年，福建南平南孚电池有限公司的南孚牌小电池的市场份额达到75%，在整个电池品类占55%，电池最重要的特征“耐用”已被南孚占领。

当时，美国和日本的很多企业正在推“10年储存、10年不漏液”的电池。中国市场上，用电量大的电器都在往充电方向转，大部分电池品牌都在宣传耐用，还没有一个讲“防漏”。

随着电池市场继续发展，“丰蓝1号”已经成为燃气灶电池第一品牌。

1. 第一阶段的方案

（1）痛点占领策略。判断“漏液”为客户的一级痛点。

（2）痛点竞争策略。领导（分化）。

（3）品类定位策略。预防漏液的电池。品类名：防漏电池。

（4）单品突破策略。只做一个品类，主推5号和7号电池，辅推1号电池。

（5）品牌使用策略。新品类启用新品牌。

（6）品牌命名策略。丰蓝。

很快，公司发现“漏液”这个痛点的价值很小，因为这种情况已经很少发生了。还有一个奇怪的现象，1号电池反而远远比5号电池、7号电池卖得好。

2. 第二阶段的方案

1号电池为什么好卖？讨论发现，1号电池主要用于燃气灶和热水器，而燃气灶用的电池很高端，一般企业生产不了。

（1）品类定位策略。1号电池改为“燃气灶首选”，5号和7号电池仍然是“防漏”。

（2）单品突破策略。改为主推1号电池，辅推5号和7号电池。

结果是，1号电池的销量比同期翻了一番。

3. 第三阶段的方案

（1）品类定位策略。由“燃气灶首选”改为“燃气灶专用”，占领“没有燃气灶专用电池”的痛点。品类名：燃气灶电池。

（2）单品突破策略。砍掉5号和7号电池，只做1号电池这一个产品。

（3）品牌命名策略。“丰蓝”改为“丰蓝1号”。

东阿阿胶

山东东阿阿胶股份有限公司1952年建厂，1996年在深圳证券交易所上市，业务进入稳定期。然而到了2005年，业绩出现下滑。

当时，公司业务多元化，涉及中成药、生物制药、药用辅料、包装印刷、医疗器械、医药批发、啤酒等20多个行业、几千个产品。公司的想法是，要想发展得快，必须有产品群，一个产品卖一个亿，十个产品就能卖十个亿，但是事实并不是这样。

2007年，公司开始打造大单品。

2006年营业收入10.69亿元、净利润1.54亿元，2016年营业收入63.17亿元、净利润18.52亿元，比2006年的营业收入和净利润分别增加了5倍和11倍。

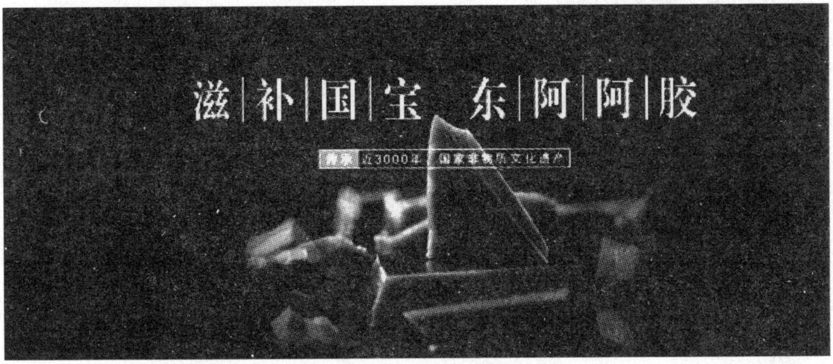

（1）痛点竞争策略。是“领导（扩大品类）”。过去发动价格战，把山东40多家同行挤出了行业，导致的结果是独木不成林，自己的品牌价值大幅下降，还因为驴皮需求下降、价格低廉，养殖户不养了，原料成了问题。公司作为行业领导者，采取了“隐去品牌推品类”的文化营销，以及价值回归的提价举措，很多原先不生产阿胶的大型医药集团纷纷进入，40多家做阿胶的小厂也全部回来了，使得阿胶品类重新活跃起来。养驴产业也随之复苏，各个厂家开始抬价收购驴皮，农民发现养驴能赚钱了，纷纷又开始养驴。

（2）品类定位策略。阿胶块定位为“滋补养生”，复方阿胶浆定位为“气血双补”。

（3）单品突破策略。大刀阔斧砍业务、砍产品，只留下一个阿胶品类两个产品。

2010年推出了一个新单品“桃花姬阿胶糕”，针对消费者没时间在家熬阿胶的痛点，定位“吃出来的美丽”。

瓜子二手车直卖网

随着国内汽车市场的高速发展，二手车交易也日渐繁荣，市场主要集中于4S店、车商、黄牛等线下交易。2015年4月，赶集网旗下的O2O频道“赶集好车”更名为“瓜子二手车直卖网”。

（1）痛点占领策略。二手车车主的一级痛点是“卖不上价”，买主的一级痛点是“买到车况不好的车”。

第一类竞品：传统线下交易，如4S店、二手车商、黄牛等。这是二手车交易最大的市场，是传统模式之争。

第二类竞品：网上二手车交易的其他模式，如优信、平安好车等，包括B2C、C2B、B2B。这是主流模式之争。大家都是细分市场，但是谁能够把自己的“细分”变成“主流”，形成“主导”，谁就赢得了未来。

第三类竞品：相同模式的竞争，如人人车。这是同类模式间的直接竞争。这就是谁来代表这一模式的问题。

（2）痛点竞争策略。挑战上述三类竞品。

（3）品类定位策略。聚焦C2C，并进行品类进化。

重新定位传统竞争。“直卖”的命名指向传统线下交易的问题，最大的特点是“个人卖家直接把车卖给个人买家”，“直卖”把传统线下交易重新定位为“不是直接交易，而是有中间商赚差价”。

把第二类竞争定义为“老一代”的概念。“直卖网”给大家一个暗示，是“新一代”，直接买卖的模式更先进。又好记又好懂，又代表更先进。

品类名：二手车直卖网。

（4）品类创新策略。只做C2C直卖。

（5）单品突破策略。砍掉C2B，只做C2C。

（6）品牌使用策略。启用新品牌。

（7）品牌命名策略。将“赶集好车”改为“瓜子二手车直卖网”，是一个具象的品牌名，一个超级符号。

（8）品牌语言策略。买点是车主多卖钱、买家少花钱。15秒广告片文案“瓜子二手车直卖网，没有中间商赚差价，车主多卖钱，买家少花钱，买卖二手车，当然上瓜子”。

（9）品牌符号策略。直接用“瓜子二手车直卖网”作为LOGO主体，绿底白字。

（10）市场策略。种子客户为“赶集好车”平台原来的注册用户。

（11）渠道策略。O2O，线上与线下相结合。

（12）价格策略。收取4%的服务费，最低1500元。

（13）推广策略。请孙红雷代言，在中央电视台等主流媒体投放广告，第1年的广告预算10亿元。孙红雷知名度极高，受人喜欢，是一个超级符号。

（14）服务策略。259项检测，14天可退，1年2万千米质保。

（15）促销策略。降低服务费（后来服务费由4%降到3%），提高质保（后来提高到2年4万千米）。

老板大吸力油烟机

杭州老板电器股份有限公司2010年11月在深圳证券交易所中小板上市。

2011年，老板开始打造油烟机大单品，大获全胜，营业收入和净利润连续6年高速增长，2015年在全球油烟机销售排行中斩获第一名，2016年继续保持全球第一。

（1）痛点占领策略。经过调研，发现客户对油烟机的一级痛点是“吸力不大”。油烟机第一品牌是方太。2011年方太大力宣传自己是“高端厨电专家与领导者”，厨电行业其他品牌纷纷跟

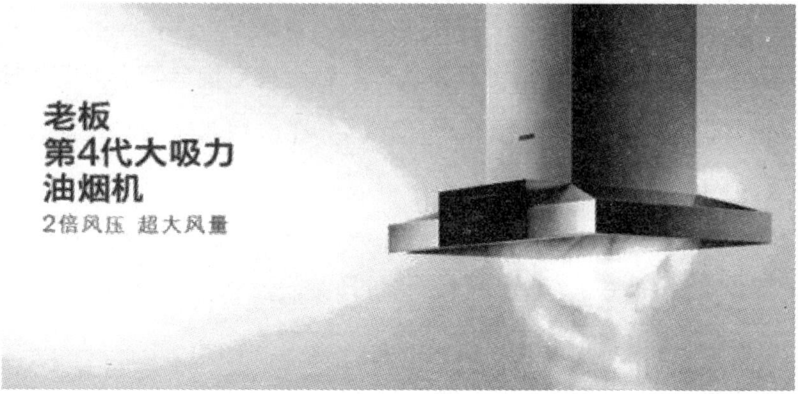

进，都在“厨电”概念上寻找差异化。但是，消费者习惯的表达是“我要买油烟机，选择什么品牌”，而不是“我要买厨房电器，选择什么品牌”。“厨电”是一个非常典型的“伪品类”，所以方太没有占领任何一个痛点。

（2）痛点竞争策略。领导（进化）。

（3）品类定位策略。创造一个新品类，定位“吸力大的油烟机”。品类名：大吸力油烟机，用“大吸力”这个词语占领客户心智。

（4）品类创新策略。加大风量。

（5）单品突破策略。客户有成套购买的习惯，而油烟机是购买入口，可以用油烟机带动燃气灶和消毒柜。2012年老板在油烟机品类成为销售量和销售额的双料第一，2013年超越华帝在燃气灶的销售量和销售额均实现第一，2014年在消毒柜上超越康宝成为这个品类的销量冠军。

（6）品牌使用策略。延用老品牌。

（7）品牌命名策略。“老板”。

（8）品牌语言策略。买点是吸力大。广告语是“老板，大吸力油烟机”。2011年之前，老板使用过两条广告语，一是“老板更懂生活”，二是“有爱的饭，为世界构建更多幸福的家”。“生活”“爱”是家电品牌最爱使用的两个主题，高度雷同，导致消费者无法识别其中任何一个品牌。

（9）品牌符号策略。对油烟机的技术、外观进行升级。延用老标志。

（10）市场策略。种子客户是有成套购买习惯的客户。

（11）渠道策略。线下为主，在各大卖场铺货。线上为辅。

（12）推广策略。大量投放电视广告和平面广告。演示油烟机吸木板，以证明大吸力。吸纳竞争，扩大品类，面对30多个品牌对“大吸力”的迅速模仿，老板以开放的姿态吸纳竞争，做大

“大吸力”品类。

到2017年，老板大吸力油烟机已经进化到第四代，大吸力的竞争已经不仅仅是风量层面的竞赛，而是涵盖了风量、风压、电机、算法等软硬件指标的综合技术能力的较量。竞争门槛不断提升，很多小品牌在此过程中被淘汰，老板在夯实心智地位的同时，市场份额也不断扩大。

第2节　营销观察

产品结构单一不是罪

长期以来，一直有文章指出“产品结构单一”有风险，比如《利润过亿的好太太上市后面临新难题：产品结构太单一》《瑞翌新材IPO：九成收入依赖单一产品，关联销售占比居高不下》《SUV销量下滑新能源未见起色，长城结构性失衡如何破》。被指有风险的企业还有香飘飘（奶茶）、三只松鼠（坚果）、养元智汇（六个核桃饮料）、有友（泡椒凤爪）等。

在IPO审核中，“产品结构单一”是否决的主要原因之一。

1. 产品结构繁多就没有风险吗

“产品结构单一”指企业只经营一个品类甚至一个产品。“风险”指营业收入、净利润存在下滑的可能。

“单一”的反义词是“繁多”。那么，那些经营很多品类甚至多元化的企业就没有风险吗？如果把净利率5%作为营利能力强弱的分界线，我们来看看2016年营业收入500亿元以上的一些企业的净利率：中国石化2.4%，中国建筑3.11%，上汽集团4.23%，中国人寿3.48%，中国联通0.06%，绿地2.91%，中国中车4.92%，物产中大1.04%，江西铜业0.39%，宝钢4.83%，苏宁云商0.47%，上海医药2.65%，海尔4.23%，南方航空4.40%，兖州煤业2.02%，葛洲坝3.39%，潍柴动力2.62%，上海电气2.61%，京东方2.73%，新希望4.06%，中集1.06%。中兴通讯亏损23.57亿元，大唐发电亏损26.23亿元，云天化亏损33.59亿元。

这些不同行业的企业有一个共同的特点：大而不强，存在经营风险。

当然，笼统地用5%净利率作为企业的营利能力强弱的分界线是不科学的，因为企业所处行业不同、市场成熟度不同、企业生命周期不同、品类生命周期不同，营利能力强弱的分界线应该不同，比如银行的营利能力强弱的分界线可以设为25%。我认为，5%净利率应该是所有企业的最低要求。

2. 产品结构单一是一种营销策略

聚焦一个品类甚至一个产品是一种营销策略。

好太太正是由整体厨柜聚焦晾衣架，才成为晾衣架第一品牌。瑞翌新材如果不聚焦树脂金刚石线，如何短短几年就在竞争激烈的光伏市场中脱颖而出？长城汽车2009年聚焦SUV品类，暂时保留皮卡品类和轿车品类，砍掉MPV品类、工程车品类，砍掉其他六个子品牌，才成为最赚钱的本土汽车企业之一。

所谓成功指品牌所代表的品类的市场份额（重点是利润份额）达到前三名。聚焦一个品类获得成功的品牌很多。今天的很多大企业当初都是从聚焦一个品类做起来的。

一个品类做成数一数二的品牌后，才适合推出第二个品类和品牌。为什么大多数中小企业永远是中小企业？最主要的原因就是品类不单一，做得太多了。品牌的力量与它代表的品类数量成反比。品牌没做起来就不叫品牌，只能叫商标。

为了上市时不让人指责产品结构单一，有的企业只好扩大品类，比如三只松鼠，很快由坚果扩大到了干果、果干，香飘飘由杯装固体奶茶扩大到了杯装液体奶茶。

3. 产品结构驾驭能力是关键

其实，不在于产品结构是单一还是繁多，而在于企业是否具备驾驭产品结构的能力。

有的企业品类很多，经营很成功，如苹果公司，不同的品类用了不同的品牌，Mac代表笔记本电脑品类，iPhone代表手机品类，iPod代表多媒体播放器品类，iPad代表平板电脑品类，iOS代表操作系统品类。也就是说，不同的品类要用不同的品牌，不能搞品牌延伸、品牌兄弟或副品牌。

有的企业只有一个品类却做不好，这就是驾驭产品结构的能力差别。

4. 还“产品结构单一”一个公道

一个企业无论产品结构是单一还是繁多，要看每个品类是否是独立的品牌，并且是否都做到了或者能够做到细分品类的前三名。评价一个企业的经营风险，要按它拥有的品牌去评价。

《首次公开发行股票并上市管理办法》《首次公开发行股票并在创业板上市管理暂行办法》等法律规章中并没有明确指出“产品结构单一”有风险，只是在发行审核的过程中，相关部门有这样的审核判断。

华为公司的手机业务可以做得更好

华为公司2003年开始做手机，目前有两个品牌“华为”和“荣耀”。在营销策略方面存在下述不足，如果加以改善，销量和利润可以更好。

1. 价格带跨越，导致消费者不清楚华为、荣耀代表什么档次的手机

在两个品牌内部，品类区隔的第一变量都是价格带。

华为品牌现有五个品类。Mate品类处于4000元以上价格带，P品类处于3500元至4000元价格带，麦芒品类处于2000元至2500元价格带，Nova品类处于2000元至2500元价格带，畅享品类处于1500元以下价格带。

荣耀品牌现有五个品类。Magic品类处于3500元至4000元价格带，V品类处于2500元至3000元价格带，9品类处于2000元至2500元价格带，Note品类处于1500元至2000元价格带，畅玩品类处于1500元以下价格带。

表面上价格带区隔清晰，但是华为公司给了消费者这样的品牌信息：华为品牌既是高档手机，也是中档、低档手机；荣耀手

机既是中档手机，也是低档手机，现在还想成为高档手机。

两个品牌到底代表什么档次的手机呢？

2. 品类没有定位，导致消费者不清楚各个品类是什么样的手机

iPhone是第一个触屏手机，OPPO是第一个拍照手机，vivo是第一个音乐手机，小米是第一个发烧手机（可惜不坚定）。它们都凭借推出“第一个新品类”占领了消费者的心智。

华为品牌的Mate、P、麦芒、Nova和畅享，荣耀品牌的Magic、V、9、Note和畅玩是什么样的手机呢？没有针对消费者的痛点进行定位。Mate曾经说过“口袋影院”，但很快就没再提了，放弃了这个价值很大的定位，实在可惜。

3. 品牌延伸，导致消费者不清楚两个品牌到底代表什么

华为品牌不仅代表手机，还代表笔记本电脑、平板电脑、手环、路由器、机顶盒、移动宽带、VR。

荣耀品牌不仅代表手机，还代表平板电脑、手环、手表、路由器、机顶盒、耳机、体脂称、插排、移动电源、音箱、自拍杆。

品牌延伸只会模糊消费者的品牌认知。品牌力量与其代表的品类、产品数量成反比。

4. 没有大单品，导致品牌地位虚胖

华为公司的手机没有任何一个单品名列全球前三名甚至前十名。虽然华为公司的手机销售总量世界第三、全国第一，但由于没有大单品的支撑，品牌力偏弱，经不起竞品的冲击。

因此，华为公司需要进行优化。

（1）两个品牌之间要有明确的价格带区隔，以防“窝里斗”。

（2）两个品牌下面的品类首先明确定位，再进行价格带布局。其结果是，每个品类都是好手机，只是定位不同，从而打开价格和毛利空间。

（3）除了手机和手机配套产品使用原来的品牌，其他品类原则上每个品类都要有一个品牌。

（4）每个品牌精选1个或几个单品，打造成全球前三名的大单品，以支撑品牌。

（注：本文写于2017年12月7日）

三只松鼠为什么要搞品牌延伸

2017年3月29日，三只松鼠股份有限公司申报创业板IPO。

《招股说明书》披露：有限公司成立于2012年2月16日，注册资本100万元，股东为章燎源；股份公司成立于2015年12月29日，注册资本3.6亿元，股东为1个自然人（章燎源直接和间接持股总计48.34%）、7个企业法人；产品结构方面现有5个品类（坚果、干果、果干、花茶和零食）、200多个产品，其中主要为坚果（50个产品），2016年销售额占比69.83%。

三只松鼠起步时的品类定位是“天然、新鲜、非过度加工的森林食品”，即坚果，主推产品是碧根果。

品牌名“三只松鼠”、人格化的Logo、“没有人比松鼠更懂坚果”的品牌口号，使得“三只松鼠就是坚果、坚果就是三只松鼠”的品牌认知基本形成。

但是，它的品类定位很快扩大到了“休闲食品”，品类延伸到了干果、果干，稀释了消费者的品牌认知——“三只松鼠”到底是什么？

好在2014年推出新品类时启用了新品牌，“松鼠小美”代表花茶品类，“松鼠小贱”代表零食品类。后来又有“松鼠口袋”代表三只松鼠的衍生品。

为什么放弃了“森林食品”的品类定位，不聚焦坚果品类？为什么不把碧根果、夏威夷果、松子、开心果、巴旦木、腰果、山核桃一个个做成坚果大单品？

原则上，一个品牌只能代表一个品类，除非客户有成套购买的习惯。一个品牌的市场份额做到第一了，才可以推出新品类并启用新品牌。品牌延伸只会削弱品牌力。

三只松鼠200多个产品是个沉重的包袱，必然影响运营效率，是不是应该做减法了？

章燎源为什么这样做？或许是为了上市不得已而为之？（2019年7月12日三只松鼠在创业板上市）

首饰品牌建设正当时

全国的首饰企业有2万多家。随着消费升级，近年来首饰的需求总量持续增长，需求趋势也在发生变化。目前还没有哪一个首饰品牌处于绝对领导地位，这就是品牌竞争的机会。

1. 国内首饰市场品牌格局

第一阵营是海外品牌，以法国Cartier（卡地亚）、法国Van Cleef & Arpels（梵克雅宝）、美国Tiffany & Co（蒂夫尼）、意大利Bvlgari（宝格丽）为代表。主攻一二线城市，占领了高端市场的主要份额。

第二阵营是香港品牌，以周大福、六福、周生生、谢瑞麟、金至尊为代表，主攻一二线城市并向三四线城市渗透，占领了中高端市场的主要份额。

第三阵营是内地品牌，以老凤祥、明牌、周大生、潮宏基为代表，市场覆盖一二三四线城市。

第四阵营是内地其他品牌，以戴梦得、老庙、萃华、爱迪尔、翠绿、通灵为代表，有全国性品牌也有区域性品牌。

2. 国内首饰市场发展趋势

品类趋势。首饰分为六大品类：黄金首饰、钻石首饰、铂金首饰、K金首饰、翡翠首饰和其他首饰。黄金首饰仍然处于主导地位，市场份额超过50%。钻石首饰的需求增长最快，尤其受到年轻人喜爱。其他品类处于补充地位。

消费档次趋势。高端（奢侈品）消费稳中有升，中高档消费快速增长。

消费场景趋势。婚庆消费稳中有升，彰显时尚的自戴消费快速增长。

区域趋势。二三四线城市潜力巨大。

3. 国内市场首饰的品牌力

“海外”“中国香港”只是品牌属地的信任背书，本土一些品牌只是品牌历史的背书，比如老凤祥诞生于1848年。当然，这些品牌还具有强大的款式设计和加工工艺能力。

强势品牌多是全品类或多品类。品牌是品类的符号系统，品牌力与其代表的品类、产品数量成反比，这正是这些强势品牌的软肋。

一些品牌开始聚焦品类，比如周大生主推钻石镶嵌品类，潮宏基主推K金品类，谢瑞麟主推铂金品类，ENZO只做彩宝品类。

品牌首先要完成心智注册，就是占领消费者心智数一数二的位置。先有心智份额后有市场份额。怎样让消费者在众多的品牌中注意你、记住你，这是所有品牌都必须完成的任务。

4. 首饰品牌如何打造和提升

任何一个品牌都要告诉消费者，你这个品牌代表的是哪一类，是解决哪一个痛点的产品，这就是品类定位。

多数品牌还在按重量卖，都在占领“首饰不够重”的痛点，痛点同质化。

要打造品牌必须另找痛点，比如从设计上开创一个新品类。新品类才有品牌成功的机会。

对于首饰，消费者的品牌意识才刚刚开始，现在正是打造品牌的时机，要看谁先动手了。

力帆V16的品类定位需要优化

世界上第一辆摩托车诞生于1885年的德国，已经130多年。中国的第一辆摩托车诞生于1951年，已经将近70年了。就中国市场的两轮摩托车而言，随着消费者需求的变化，三大传统车型——跨骑、弯梁、踏板继续细分。比如，跨骑车已经有太子、越野、跑车、赛车、MINI、复古等细分车型。每个车型还分为不同的排量和档次。

而我唯独喜欢美式太子车，喜欢它全身的金属、高高的手把、低低的座椅、前伸的前减震、宽厚的轮胎、低沉的声浪，骑着它，感觉特别绅士。

1. 力帆V16的产品名和型号

产品名V16，V代表V型双缸、16代表2016年。

型号250–D，250是排量，属于中等排量；D是区别于2010年中标重庆警车的（V250）LF250–B、2012年升级为民用版的（V250）LF250–P。

2. 力帆V16的竞争环境

V16属于太子车品类。中国市场上的太子车有三大阵营。

第一类，进口品牌太子车，有以美国的哈雷、印第安为代表的十几个品牌。

第二类，合资品牌太子车，有以日系的豪爵、五羊—本田、新大洲本田为代表的六个品牌。

第三类，本土品牌太子车，有以力帆、钱江、大地鹰王、天地游侠为代表的七十多个品牌。

如何在近百个太子车品牌中做到与众不同？从力帆的各种宣传上来看，V16把哈雷当成标杆，采取的竞争策略是跟随，在价格上实现区隔。哈雷是太子车世界第一品牌，全是大排量，最低的排量也有750cc，裸车价接近8万元，高档车型价格超过40万元，一般人玩不起。V16的暗示是，玩不起哈雷，来玩V16吧。

3. 力帆V16的定位

在民用领域，力帆太子车品类有两个产品，一是（V250）LF250–P，二是（V16）LF250–D。

V16定位要回答的是，V16是解决哪个痛点的产品？包括与（V250）LF250–P的差异化。

从各种宣传来看，V16的定位是“高档、复古的美式巡航车”。

但是，定价上并没有体现出高档，而是选择了国内主流250cc太子车价格的中位，与（V250）LF250–P同价，16800元。

4. 力帆V16的品牌名

V16沿用“力帆”品牌名没有问题，因为力帆1992年创立时生产摩托车发动机，1997年开始生产摩托车整车。

倒是2006年开始生产汽车时，不该沿用“力帆”，而应该启用新品牌，因为在消费者心智中，“力帆”品牌代表的是摩托车品类。

5. 力帆V16的广告语和配套宣传

广告语有四个，“为自由而生”“在机车轰鸣中释放灵魂”“选择生活而非被生活选择”“这就是男人的性感”，都没有很好地表达定位，没有给出强力的购买理由。广告语只能有一个，否则会让客户失去关注焦点。

似乎“为自由而生”是主广告语，因为使用场合明显多于其他三个广告语，但是一些宣传细节上大大游离了“自由”的主题，如撩妹广告片、撩妹街头测试、《以梦为马》的广告片（说的是一位父亲骑摩托车带着儿子旅行治好儿子失语症的故事）。另外，与KPT同行进行万里长测的配套宣传侧重于质量，没有充分诠释“自由”。

太子车是用来玩的车，不是用的车；V16定位为“高档、复古的美式巡航车”，所以，V16主诉“自由”不如主诉“绅士”更为贴切。

“高档、复古的美式巡航车”是产品特征类的定位，客户利益体现得不直接，完全可以定位为“绅士车”，意思是说，骑上V16就是绅士。这样，不仅融入了心理体验因素，而且与近百个太子车品牌一下子拉开了距离，很容易占领客户心智的第一位置。

区域公用品牌不是品牌

我国农业部（现为农业农村部，下同）在打造农产品区域公用品牌方面下了很大力气，截至2016年年底，全国“三品一标”总数达到10.8万个，种植面积3000万公顷，约占同类农产品种植面积的17%；农产品注册商标240余万件；国家质检总局（现为国家市场监督管理总局）已对1992个地理标志产品实施保护。农业部还将2017年确定为“农业品牌推进年”。

一个区域公用品牌的总产量做大了，使用这个区域公用品牌的企业全部受益。所以，政府支持打造区域公用品牌是完全正确的。

实际上，区域公用品牌并不是品牌，而是“品类”。

以安徽茶叶为例，六安瓜片、黄山毛峰、祁门红茶、太平猴魁、汀溪兰香、涌溪火青、休宁松萝、歙县大方茶、舒城小兰花、九华佛茶、岳西翠兰、桐城小花、金寨红茶、霍山黄茶等34个区域公用品牌其实都是品类。

品类是众多企业共有的，品牌是某个企业独有的。

2017年，安徽省茶园面积270.21万亩，居全国第7位；茶叶产量13.43万吨，居全国第8位；茶叶产值（一产）104.32亿元，居全国第9位，落后于贵州、福建、四川、浙江、湖北、云南、陕西和河南8省。全省涉茶企业7000多家，其中龙头企业945家（包括国家级龙头企业3家、省级龙头企业56家）。年销售额亿元以上的企业只有53家，严重缺乏5亿元以上的龙头企业，行业集中度非常低下。为什么安徽茶叶的地位每况愈下？因为品牌不行。

品牌要完成在客户心智中的注册。先占领客户心智，才能占领市场。截至2016年年底，安徽省茶叶注册商标2441个，其中中国驰名商标15个，省级著名商标118个。如果没有占领客户心智，商标就只是商标，拿到什么样的牌牌都没用。

如果龙头企业的品牌不行，就带动不了品类。2017年，休宁松萝5500吨、黄山毛峰5420吨、舒城小兰花3200吨、祁门红茶3000吨、九华佛茶3000吨、霍山黄芽1500吨、岳西翠兰1100吨、太平猴魁940吨、歙县大方茶800吨、广德云雾茶375吨、桐城小花350吨、黄花云尖200吨……为什么这些品类做不大？就是因为龙头企业的品牌不行。

政府可以帮助企业做大品类，但在品牌上帮不了企业，做品牌只能靠企业自己，品牌做不起来，怎么可能见效？

如何占领客户心智做品牌？其实很简单，找出客户对茶叶的痛点，从中选择一个有能力解决的痛点去定位、去宣传、去解决。

茶叶的世界著名品牌立顿在1890年创立时，选准了“红茶太贵”这个痛点，生产大众红茶包；创立于1993年的八马于2009年进行品牌优化，选准了“假茶和劣质茶”这个痛点，强调自己“始于1736年，铁观音的发现者和传承者”；小罐茶2016年创立，选准了“假茶和劣质茶”这个痛点，宣称“大师作”，并针对“包装又大又土气”这个痛点推出小罐包装；2008年创立的新加坡茶叶品牌TWG Tea，选准了“假茶和劣质茶”这个痛点，做“世界上最好的茶”，在品质（原产地鲜叶）、品类（调配茶）和包装（时尚多彩）上进行了大胆颠覆。

“以茶带旅、以旅促茶、茶旅互动”的茶旅文产业融合发展，喝茶、品茶、吃茶、用茶、玩茶、事茶“六茶共舞”……这些只是打造品牌的辅助措施，如果解决不了客户痛点，这些措施只会热闹一时。要先占领一个痛点，再围绕如何解决这个痛点去创新，不能为创新而盲目创新。

当然，打造品牌要有产品基础。目前，最急迫的问题是优质原料（鲜叶和毛茶）的掌控问题，这个问题不解决，产品就好不了，品牌就没有立足之本。中青年茶农大部分外出打工，因为种茶赚不到什么钱。茶园荒废老化，茶园管理不善，缺乏种茶技术，滥用农药、化肥、除草剂，采摘不及时，缺乏适用于山区的小型农机具，茶贩倒卖，自产自销……都直接影响了原料供应。企业必须在核心产区掌握一定面积的标准茶园，比如自营，茶园流转，公司+农户，公司+农民专业合作社+农户。要培育一批家庭茶场、种茶大户，合作的关键是订单农业、保价收购，而不是行情好的时候压价、行情不好的时候不收。

同一个品类的各家企业应该是合作关系而不是竞争关系，其一，由龙头企业为龙头大家一起做大品类；其二，由几个龙头企业打造各自的品牌，其他企业为它们代工或贴牌。

解决区域公用品牌（品类）做不大、地方保护、内部争斗等问题只需一招：打造品牌。

温氏的两大法宝：胸怀和模式

温氏一直很低调，直到2015年11月2日换股吸收合并大华农实现整体上市，才进入公众视野。

在很多人的心智中，温氏和华为都属于中国最好的民营企业。

2016年年度报告显示，2016年，温氏实现销售收入593.55亿元，同比增长23.05%；净利润117.9亿元，同比增长89.99%。肉猪、肉鸡出栏量连续多年在全世界数一数二，2016年肉猪出栏1712.73万头、肉鸡出栏8.19亿只。

2018年下半年"非瘟"横行，养猪行业损失惨重，温氏2018年仍实现营业收入572.36亿元、净利润39.57亿元、肉猪出栏2229.70万头。

如今，温氏的产业，已经由最初的肉鸡扩大到肉猪、奶牛、肉鸭、蛋鸡、肉羊、肉鸽、深海鱼、兽药、农牧设备、原奶、乳制品、肉制品加工、生鲜连锁店。

从1983年的8000元，到2018年345.68亿元，35年时间净资产增长了430万倍。

近几年，总结温氏成功要素的文章很多，众说纷纭。而我的看法很简单，我认为，温氏最强大的法宝就是两个——胸怀和模式。

1. 胸怀聚"人气"

温氏的胸怀体现在两个方面：一是对员工全员持股，二是对农户保价回收。

1983年5月，原广东省云浮市新兴县食品公司干部温北英停薪留职，联合7户8人，集资8000元创办簕竹鸡场。1990年，簕竹鸡场开始发行职工内部股票，推行全员持股。2015年11月整体上市前，股东6846人。上市时，董事长温鹏程的持股比例只有4.15%，整个温氏家族成员11人持股比例为16.74%。全员持股，所有员工都是老板，有效解决了责任心的问题。

1989年6月，簕竹鸡场采取对养鸡农户保价回收肉鸡的措施，首创了“公司+农户”的模式，这种模式后来移植到养猪业务，如今已升级为“公司+农户（家庭农场）”。所谓保价回收，就是在与农户签订合作协议时就约定回收价格，如果市场价格低于回收价格，温氏就要给予农户补偿，以保障农户收益。2013的H7N9病毒温氏亏损30亿元，但仍然保证让农户每只鸡营利1元。

“精诚合作，齐创美满生活”，温氏做到了。

2. 模式聚“财气”

2014年，“温氏模式”被中国畜牧业协会评为畜牧业优秀行业模式。

“公司+农户（或家庭农场）”商业模式的独特优势在于大大降低了农户的经营难度，农户只负责养殖，从繁杂的经营中解放了出来，而种苗、饲料、兽药、农牧设备、养殖技术及产品销售全部由温氏提供，所以可以说温氏就是一个超级的农民专业合作社。

这种模式正好满足了中小养殖户的需求——容易养、风险低。2016年，公司拥有5.86万户合作养殖农户（或家庭农场），其中养鸡户3.47万户、养猪户2.22万户。养猪业签订投资协议规模达2000万头，新批准开工建设的猪场47个，实现竣工猪场35个，竣工猪场设计产能380万头。公司业务布局在全国20多个省、直辖市和自治区，拥有239家控股子公司，员工49314人。

温氏通过这种商业模式，为自己构建了多条营利管道：种苗利润、饲料利润、兽药利润、农牧设备利润、肉鸡和肉猪保价之上的差价、其他养殖产品利润（肉鸭、肉羊、肉鸽、深海鱼、原奶、乳制品、鸡蛋、生鲜）。

同行业的很多企业都在模仿温氏，但一直没有出现第二个温氏，不是温氏模式有多么高深，而是这些企业没有温氏的胸怀。

个人也好，企业也罢，光有商业高度是不够的，还要有社会高度。

爆品的天空很美丽

打造一个大单品平均需要6年时间。爆品是快速成为大单品的单品，只要2年以内的时间就能做到品类前三名。

爆品让急于成功的人热血沸腾。但是，打造爆品需要满足以下7个条件。

1. 让用户尖叫的产品

2007年6月29日发售的iPhone 2G创造了触屏手机新品类并搭载自主的iOS系统；2011年9月上市的小米手机1是中国首款双核1.5G智能手机，配置高于当时的主流手机iPhone 4、HTC Sensation、三星Galaxy S2、MOTO Atrix ME860和LG Optimus 2X；瓜子二手车直卖网创造了二手车直卖新品类。

2. 让用户尖叫的低价

小米手机1的价格只有当时主流价位的一半；瓜子二手车直卖网只收3%的交易手续费；三只松鼠主推的碧根果几乎不赚钱。背后需要多少钱来“烧”？

3. 强大的推广能力

iPhone 2G在2007年1月9日就发布了，发售前乔布斯亲自上阵进行了长达近半年的炒作；小米手机1没投广告，黎万强的3000万元营销预算让雷军全部砍掉了，于是他们玩“参与感”，让用户参与设计、体验产品，形成口碑并运用自媒体进行病毒式传播，用的是公关手段；而瓜子、三只松鼠都是用广告砸出来的。

4. 精通互联网传播

互联网最大的特点是无界线、传播快，但必须精于认别人性、精于制造内容、精于营销事件、精于客户互动、精于把握引爆点、精于流量垄断。

5. 精通渠道平台运营

iPhone“玩转”线上线下；小米手机起步用的是自己的平台小米网；三只松鼠起步于天猫，除了把黄金广告位几乎都包下来，还在后台运作类目排名、搜索排名。

6. 确保不断货

iPhone、小米都是品牌运营商，自己没有工厂；三只松鼠是采购半成品进行分装。这样的供应链管控、品质管控不是一般企业能做到的。

7. 庞大而高效的团队

一把手的能力就不用说了，你去查查这些企业的高管团队、员工团队人数吧。

爆品的天空很美丽，可惜多数企业上不去。

放眼市场，又有多少“爆品”存活下来了呢？

史玉柱的营销心得

史玉柱1962年9月15日生于安徽省蚌埠市怀远县。1984年从浙江大学数学系本科毕业，分配至安徽省统计局工作。

1989年深圳大学软件科学系研究生毕业后，史玉柱独立创业（承包深圳一家贸易公司的电脑部），4000元起家，第一个产品是M-6401桌面排版系统，至次年累计盈利数千万元。1991年史玉柱在珠海成立巨人公司，推出M-6403。1994年公司开始多元化，涉及保健品（“脑黄金”等12个产品）、药品、电脑、软件、服装、化妆品、房地产。

1997年因巨人大厦资金链断裂，巨人公司破产，史玉柱负债2.5亿元。史玉柱转战上海，借款50万元开始二次创业，着手打造大单品“脑白金”。2001年还清2.5亿元债务。2002年着手打造大单品“黄金搭档”。2004年进军网游，着手打造大单品“征途”，巨人网络2007年在纽交所上市，2017年6月在中小板借壳上市，2016年扣非净利润10.31亿元，名列A股49家互联网上市公司第一名。2008年着手打造大单品“民生银行股权投资”，发展至持有11.5亿A股，另持有H股。

史玉柱在《史玉柱自述：我的营销心得》中表达了如下观念。

（1）广告最怕变，因为你一变，前面的积累就丢了。但是表现形式我们每年会变一下。（指脑白金的广告语“今年过节不收礼，收礼还收脑白金”）

（2）一个企业不是说产品越多越好，其实有一个主打产品，有一个特别大的产品，就够了。产品能少一个就少一个。

（3）当时（2005年）我决定不管（保健品）的时候，中国市场上已经有3000多个保健品，销量第一名是“脑白金”，销量第二名是“黄金搭档”，我两个产品都已经做到最前面了。

（4）创业的时候最好主攻一个方向，要做就做一个产品。聚焦聚焦再聚焦。凡是你想干的事越多，你失败得越快。

（5）决策完了之后，只要不是方向性错误，就要坚决执行。

（6）一个好策划决定的是你这个产品到底是赚钱还是亏损。最重要、最难的是策划关。

（7）（产品）取一个好名字可以减轻很多的劳动量，减轻好多压力。

（8）对于消费者来说，往往最先跳入眼帘的产品就是他要购买的产品。

（9）策划是一个苦命的行业，做策划是做一个苦命的人。

（10）我一直反对降价销售，“脑白金”没降过价。我的产品坚决不搞降价促销。降价就是自杀。

（11）我不追求高速度，我只追求一步一个脚印往前走。

（12）做广告最关键的是能不能把你的产品卖出去，即把让对方买的理由说出来，然后就是对方能不能记住。

（13）一个企业想做大、做持久，一定要做好的产品，负责任的产品，否则这个公司根本做不起来，至少做不持久。

（14）我所有的产品现款现结。我们不欠别人的，别人也别欠我的。

（15）巨人现在不给自己定战略目标。比如说我去年是15亿，假如今年我给自己定到30亿，那从我现有的产品、我现有的管理、我现有的资金，我不具备这个能力，但有这个目标，就逼迫我去做，那就要超常规地去做，违反规律地去做，最后的结果可能连15亿也保不了。我们不定远大的目标，但是在战术问题上要把每件事给做好，做到最好。

（16）在做品牌、产品的时候，对消费者说的利益点，能少尽量少。可能一个产品有很多个好处，其实你说三个好处就等于什么也没有说，说两个好处记住一点点，说一个好处真正让人记住。

宝马当年是怎样超越奔驰的

这是一个挑战第一品牌并获得成功的经典案例。

1. 奔驰品牌的早期历史

1883年，卡尔·本茨（Karl Benz）与人合资创立Benz & Co. Rheinische Gasmotoren-Fabrik（Benz & Cie）。1886年1月29日，他为其“不用马拉的马车（安装有汽油发动机的交通工具）”申请了专利，世界上第一辆汽车诞生。这一天被称为汽车诞生日。1894年Benz & Cie推出了世界上第一款批量生产的汽车Velo。1900年，Benz & Cie已经成为世界上最大的汽车制造商。

另一个人叫戈特利布·戴姆勒（Gottlieb Daimler）。1884年他着手对四冲程发动机进行研究，不久发明了一种能安装在车辆上的更轻更小的发动机，该发动机安装于自行车上，便成了最早的摩托车。1886年，戴姆勒和首席工程师威廉·迈巴赫（Wihelm Maybach）在世界上最早的四轮汽车上安装了改进后的发动机。1890年，他们创办了戴姆勒发动机研究院DMG（Daimler-Motoren-Gesellschaft）。1901年，他们的汽车开始使用“戴姆勒—梅赛德斯”商标。

1926年6月29日，戴姆勒公司和奔驰公司合并成立戴姆勒—奔驰公司（Daimler-Benz），启用品牌名“梅赛德斯—奔驰（Mercedes-Benz）”，逐渐成为世界高档轿车著名品牌。1945年第二次世界大战结束后，奔驰很快恢复卡车生产，次年恢复轿车生产。

2. 宝马品牌的早期历史

宝马公司的创立时间比奔驰公司晚了33年。1916年3月7日，古斯塔夫·奥图（Gustav Otto）与人合资创立巴伐利亚飞机制造厂（BFW），生产军用飞机引擎。后来接管拉普引擎制造厂，于1917年7月20日将工厂改名为巴伐利亚发动机制造股份有限公司（Bayerische Motoren Werke GmbH，BMW）。1918年11月第一次世界大战结束，根据《凡尔赛条约》的规定，德国境内禁止制造飞机，宝马便开始研制摩托车发动机和摩托车。

1928年，宝马收购埃森纳赫车厂，生产该厂的轿车车型Dixi 3/15 PS。1932年推出自主轿车车型3/20 PS。1933年推出303，它的直列六缸引擎、“双肾”水箱护栅造型一直沿用至今。

后来，宝马开始生产房车、跑车。二战期间，宝马的研究中心和工厂被炸毁。直到1952年，宝马才恢复房车生产，并立志要在豪华客车、轿车、跑车和摩托车上干一番事业。但是在轿车上，宝马很长时间没能超越奔驰，直到1961年。

3. 宝马用品类定位获得成功

1961年，宝马对奔驰品牌的品类定位进行了研究。奔驰多年坚持“奢侈”的品类定位。宝马认为，奔驰的核心优势是车体大、操控平顺和后座舒适，概括起来就是“坐起来舒服”，这个核心优势本身含有的弱点是“开起来不舒服（操控性较差）”。奔驰无法改进这个弱点，因为如果为了提升操控性把车体改小，就失去了“坐起来舒服”的核心优势。于是宝马把奔驰重新定位为“终极乘坐机器”，然后把自己反着定位为“超级驾驶机器”，车体小一点、操控狂野一点和前座舒适，主推3系，广告语“坐奔驰、开宝马”。结果，宝马很快反超奔驰。

针对奔驰这个世界高档轿车第一品牌，宝马的竞争策略是“补缺”，竞争行为是“对立”，既不是直接进攻奔驰的优势，也不是直接进攻奔驰的弱点，而是进攻奔驰优势本身含有的弱点，先给奔驰重新定位，然后给自己反着定位。结果两个品牌都是高档轿车，只是优势不同。

宝马从开始生产汽车到超越奔驰，花了33年——又一个33年。

4. 可惜，奔驰和宝马现在都在犯错

一是品牌延伸。奔驰在客户心智中代表着坐起来舒服的高档轿车，但现在还代表轿跑、跑车、越野车、SUV、MPV、旅行车、货车……宝马在客户心智中代表着开起来舒服的高档轿车，但现在还代表轿跑、跑车、SUV、旅行车、摩托车、自行车……

二是产品延伸。就轿车而言，S级应该是支撑奔驰品牌的大单品，但产品向下延伸到了E级、C级、A级，其中C级是看上去像宝马的奔驰。3系应该是支撑宝马品牌的大单品，但产品向上延伸到了5系、7系，向下延伸到了1系，其中7系是看上去像奔驰的宝马。

品牌延伸和产品延伸已经大幅模糊了客户对两个品牌的认知。它们都忘了自己当初是怎么成功的了。两个品牌的差异化正在缩小，让客户失去了关注焦点。

买奔驰轿车，一定是S级，至少是E级，C级、A级还叫奔驰吗？买宝马轿车，一定是3系，顶多是5系，7系、1系还叫宝马吗？

帮客户买

某4S店的一位销售顾问接待了一对老年夫妇。他与他们交流后，发现店里没有适合他们的车型，就把他们带到了附近的几家4S店。回到店里后，他问他们看中了哪个品牌的哪款车，不料老夫妇说："我们要买你的车。"

做销售，行为上当然是卖。但如果意识上也是卖，那就坏了。意识上也是卖，就很可能不顾及客户利益，把不合适的产品卖给客户，甚至采取欺骗手段。当你整天想着卖的时候，你的眼神是贪婪的、乞求的，你的行为是急躁的、短视的，这些都逃不过客户的眼睛。当你整天想着卖的时候，很难与客户建立信任，业绩一定不会好到哪里去。

在本书的最开始我们提到过，最早运用"营销"的企业是1673年日本三井家族创立的百货商店三越百货。三越百货制订了明确的经营原则，其中包括：公司充当顾客的采购员；为顾客设计和生产适合需要的产品；保证顾客满意，否则原价退货。

丰田汽车规定的销售目标是“必要的产品、零件、信息只在必要的时候提供必要的数量”，成为全球汽车销售的标杆。

马云在一个视频中讲了一个故事：“刚开始的时候，我们帮助外贸企业在网上接出口订单，每年收外贸企业的年费，但是一年下来，交易额还不如它们交的年费多。我们的员工觉得心里过意不去，觉得很对不起人家。年底客户走访的时候，就老老实实地跟对方说，电子商务这个东西将来会很好，但是没有那么立竿见影，要不你们就退钱，明年别再签了。结果我们的客户反过来鼓励我们的年轻人，说外贸客户要从传统渠道到网上来，那是需要时间，需要培养，您既然这么为我们着想，我们相信你们。所以很多这样的公司，到现在还是阿里巴巴的客户。”

从客户的角度来看，产品是买走的，不是卖出去的。你把销售意识换成“帮客户买”试试，你一定会发现客户变得容易沟通了，销售工作不那么难了，业绩一天天好起来了。

怎么刷新这个意识？首先把职位名称改为“顾问”之类（实际上很多企业早就这么做了），公司内部要改，名片上、微信昵称上都要改。公司也要把销售部门的名称改成“顾问部”之类。这样，就与客户站在一起了，而不是对立面。

营销的最高境界

很多图书、课程在教你怎样“搞掂”客户。“搞掂”是广东口语，意思是事情办成了。有的人写成“搞定”，意思是一样的。

“搞掂”本来是个中性词语，但用在客户身上就变味了。“搞掂客户”显得粗鲁，还带有蔑视的意思，你“牛什么牛”，还不是让我“搞掂”了？

谁喜欢被别人“搞掂”呢？听起来不舒服。虽然“搞掂客户”只是在内部说说，不会让客户听到，但这是一种错误的销售意识，因为你在交易的过程中更多是顾及自己而少有顾及客户。

“搞掂客户”还意味着你为了成交花费了不少工夫。但你想想，你一个一个地找客户，与客户主动找你，哪个的销售效率更高？更轻松？

深圳的中集集团1982年投产，主营业务是集装箱的研发、生产和销售。经过14年的努力，1996年中集集团集装箱销量取得全球第一并保持至今，2018年集装箱销售额315亿元（集团总营收935亿元）。但长期以来，集装箱市场部的员工一直不到10个人，销售效率每人每年30多亿元。中集集团集装箱业务已经做到了客户主动上门，市场部的员工已经不是完整意义上的销售人员，更像是接单员。

为什么客户主动上门的企业那么少（垄断行业除外）？因为关于销售最高境界的意识错了，甚至没有这个意识。

销售的最高境界不是“搞掂”客户，而是客户主动上门找你、指名购买。销售工作的努力方向，是怎样做到让所有客户都主动上门，是哪一天取消销售人员，而不是不断扩大销售团队、指望有多少销售高手、用业绩考核来逼迫销售人员。最起码，要想办法降低销售难度，而不是一味提升销售技能。

哪一天，你坐在办公室挑选客户，那才是真“牛”。

18种营销浪费

生产改善从消除8种生产浪费开始。营销改善从消除18种营销浪费开始。

（1）痛点的浪费。没有占领“一个”痛点，包括没有占领任何痛点、好像占领了多个痛点。

（2）竞争的浪费。与不是竞品的品牌竞争。

（3）品类创新的浪费。与解决痛点无关的技术、原料、结构、工艺、功能、性能、形状、尺寸和包装问题。

（4）产品的浪费。与品类定位无关的产品；量利始终做不起来甚至亏损的产品；市场容量过小或品类正在衰退的产品；库存产品；次品；废品；缺货。

（5）品牌使用的浪费。自己的品牌相互竞争；量利始终做不起来甚至亏损的品牌。

（6）品牌符号的浪费。不合理的品牌名、标志、广告语、产品外形、包装、颜色、品牌代言人。

（7）品牌推广的浪费。低效或无效的广告；低效或无效的公关；没有合理利用公关资源。

（8）市场的浪费。不该开发的市场；劣质市场；该开发而没有开发的市场；守不住的市场。

（9）客户的浪费。不该开发的客户；劣质客户；该开发而没有开发的客户；不均衡的客户订单；非战略性亏损的订单。

（10）渠道的浪费。不该开发的中间商；成本太高的中间商；

劣质中间商；该开发而没有开发的中间商；合作不良。

(11) 价格的浪费。将成本转嫁给客户导致定价过高；定价过低而没有体现价值。

(12) 服务的浪费。与解决痛点无关并且没有必要的服务。

(13) 促销的浪费。促销目的错误的促销；与促销目的无关的促销；导致生产节拍混乱的促销。

(14) 效率的浪费。营销人员的有效工作时间低下（有效工作时间就是与客户直接或间接接触的时间）；退换货；不合理的产品转运；超期交付和过早交付。

(15) 流程的浪费。没有建立书面的营销流程；服务流程或流程不合理；制度不合理。

(16) 人才的浪费。营销人员流失率高；营销人员的积极性、能力和智慧没有充分发挥出来；有效的营销经验没有共享；非营销人员对营销服务不足；中间商和客户没有参与营销改善。

(17) 组织的浪费。臃肿的营销组织；冗余的营销人员；低效的日常工作管理。

(18) 改善的浪费。不改善；不彻底的改善；不持续的改善。

参考文献

[1] 石坂芳男. 丰田销售方式[M]. 崔柳，译. 北京：机械工业出版社，2009.

[2] 菲利普・科特勒，加里・阿姆斯特朗，洪瑞云，等. 市场营销原理[M]. 3版. 李季，赵占波，译. 北京：机械工业出版社，2013.

[3] 艾・里斯，杰克・特劳特. 定位[M]. 谢伟山，苑爱冬，译. 北京：机械工业出版社，2010.

[4] 艾・里斯，杰克・特劳特. 商战[M]. 李正栓，李腾，译. 北京：机械工业出版社，2011.

[5] 艾・里斯，杰克・特劳特. 营销革命[M]. 谢伟山，谈云海，苑爱冬，译. 北京：机械工业出版社，2011.

[6] 艾・里斯，杰克・特劳特. 22条商规[M]. 寿雯，译. 北京：机械工业出版社，2013.

[7] 艾・里斯. 聚焦[M]. 寿雯，译. 北京：机械工业出版社，2013.

[8] 艾・里斯，劳拉・里斯. 品牌22律[M]. 寿雯，译. 北京：机械工业出版社，2013.

[9] 杰克・特劳特，史蒂夫・里夫金. 与众不同[M]. 火华强，译. 北京：机械工业出版社，2011.

[10] 杰克・特劳特. 大品牌大问题[M]. 耿一诚，许丽萍，译. 北京：机械

工业出版社，2011.

[11] 杰克・特劳特. 特劳特营销十要[M]. 谢伟山，苑爱冬，译. 北京：机械工业出版社，2011.

[12] 艾・里斯，劳拉・里斯. 广告的没落，公关的崛起[M]. 寿雯，译. 北京：机械工业出版社，2013.

[13] 杰克・特劳特. 什么是战略[M]. 火华强，译. 北京：机械工业出版社，2011.

[14] 艾・里斯，劳拉・里斯. 品牌的起源[M]. 寿雯，译. 北京：机械工业出版社，2013.

[15] 杰克・特劳特，史蒂夫・里夫金. 重新定位[M]. 谢伟山，苑爱冬，译. 北京：机械工业出版社，2010.

[16] 劳拉・里斯. 视觉锤[M]. 王刚，译. 北京：机械工业出版社，2012.

[17] 艾・里斯， 劳拉・里斯，张云. 21世纪的定位[M]. 寿雯，译. 北京：机械工业出版社，2019.

[18] E. Bruce Goldstein. 认知心理学[M]. 3版. 张明，等译. 北京：中国轻工业出版社，2014.

[19] 张云，王刚. 品类战略[M]. 北京：机械工业出版社，2013.

[20] 黎万强. 参与感[M]. 北京：中信出版社，2014.

[21] 华杉，华楠. 超级符号就是超级创意[M]. 南京：江苏凤凰文艺出版社，2016.

[22] 华杉，华楠. 超级符号原理[M]. 上海：文汇出版社，2019.

[23] 金错刀. 爆品战略[M]. 北京：北京联合出版公司，2016.